HOSPITALITY

ホスピタリティ入門

青木義英・神田孝治・吉田道代　編著

新曜社

はじめに

　現代社会において，サービス産業の比重が大きくなっています。日本では2003年に観光立国を目指すことが宣言されましたが，これも製造業からサービス産業に転換していく社会の様相を如実に表しているものだといえます。こうしたなかで，ホスピタリティ（歓待）が近年キーワードとして浮上しています。そもそもホスピタリティとは，異邦人を受け入れもてなすことを指す言葉でしたが，現代の資本主義社会においてはしばしば顧客に対する心を込めたサービスを意味しています。こうしたホスピタリティが要求されるのは，サービス産業だけではありません。組織内のコミュニケーションのために企業が従業員に，さらには観光客をもてなすために行政が地域住民に，ホスピタリティを求めるようになってきています。現代はまさに「ホスピタリティ化する社会」なのです。

　私たちは，いまやこうした社会の現実をより深く捉えかえし，またそれについて多角的に考えるべき状況にいると言えるでしょう。とりわけ，これからホスピタリティ化社会により深く関わることになる学生の皆さんにはより切実な課題です。本書はこうした問題関心から編まれた入門書であり「社会とホスピタリティ」と「企業とホスピタリティ」という二部構成になっています。前者においてホスピタリティをめぐる社会的状況とそれをどう考えるのかについて，後者において企業におけるホスピタリティの現実について紹介します。それぞれ12章の豊富な事象を扱ったことによりホスピタリティの多様なあり方やそれについての様々な考え方が実例をもとに把握できるようになっています。なお，ホスピタリティという概念については序章で，各章の位置づけについては各部の扉部分で簡単に解説してあるので，それらを参考に読み進めてください。また，各章の最後には，「考えてみよう！」と「さらに興味がある人に」という項目があります。自分で考え，自身で学習を進めることによって，内容をより深く理解ができるように設けたものです。是非取り組んでみてください。

　このようなテーマと内容の本書が，皆さんにホスピタリティについての関心を喚起し，現代社会について，さらに自分自身の生き方について考えるための手助けになれば，編者にとってこれ以上の喜びはありません。

　　　　　　　　　　　　　　　　　　　編者を代表して　　神田孝治

目　次

はじめに　　　　　　　　　　　　　　　　　　　　　　　　　(i)

序　章　　　　　　　　　　　　　　　　　　　　神田孝治　1

第一部　社会とホスピタリティ

【宗教とホスピタリティ】
1章　サンティアゴ巡礼におけるホスピタリティ　　竹中宏子　10
2章　四国遍路とホスピタリティ　　　　　　　　　森　正人　18

【権力とホスピタリティ】
3章　難民とホスピタリティ　　　　　　　　　　　北川眞也　26
4章　観光とホスピタリティ　　　　　　　　　　　神田孝治　34

【女性とホスピタリティ】
5章　敗戦後の日本における外国人兵士の「歓待」　吉田容子　42
6章　東南アジア系移民女性とホスピタリティ　　　阿部亮吾　50

【マイノリティとホスピタリティ】
7章　同性愛者とホスピタリティ　　　　　　　　　吉田道代　58
8章　オタクツーリズムにおけるホスピタリティ　　岡本　健　66

【日本社会とホスピタリティ】
9章　ホスピタリティ社会とその問題　　　　　　　堀野正人　74
10章　都市農村交流の「鏡効果」とホスピタリティ　藤田武弘　82

【被災地とホスピタリティ】
11章　東日本大震災の被災地とツーリズム　　　　大森信治郎　90
12章　ボランティアとホスピタリティ　　　　　　加藤久美　98

第二部　企業とホスピタリティ

【マーケティング・セールスとホスピタリティ】
13章　企業営業活動におけるホスピタリティ　　　森川長俊　108
14章　ウェディング産業とホスピタリティ　　　　梶　明彦　114

【コミュニケーションとホスピタリティ】
15章　接客教育とホスピタリティ　　　　　　　　安部桂子　120
16章　グローバルコミュニケーションとホスピタリティ　長井鞠子　126

【マネージメントとホスピタリティ】
17章　企業管理とホスピタリティ　　　　　　　　青木義英　132
18章　人材育成とリーダーシップ　　　　　　　　青木義英　138

【ホスピタリティ産業の現場（1）　旅行運輸】
19章　旅行会社のホスピタリティ　　　　　　　　田中　靖　144
20章　客室乗務員のホスピタリティ　　　　　　　永田順子　150

【ホスピタリティ産業の現場（2）　宿泊飲食】
21章　ホテルでのホスピタリティ　　　　　　　　西田淑子　156
22章　レストランのホスピタリティ　　　　　　　眞中秀幸　162

【ホスピタリティ産業の現場（3）　医療介護】
23章　病院のホスピタリティ　　　　　　　　　　菊野隆明　168
24章　介護のホスピタリティ　　　　　　　　　　中島健一　174

あとがき　　　　　　　　　　　　　　　　　　　　　　　　181
執筆者紹介　　　　　　　　　　　　　　　　　　　　　　　183

装幀——難波園子

序章　ホスピタリティとは

神田孝治

　歓待，それはまことに捉えがたいものである。唯一の形式のもとに固定し，一義的な意味で捉えようとするなら，歓待はたちどころに身をかわしてしまう。それは私的なものでもあれば公的なものでもあり，現前しもすれば不在でもある。熱烈なものでもあれば偽善的なものでもある。歓待はあらゆる転用へとみずからを差し出す。歓待はしばしば，もはや誰もそれを当てにしなくなったところに姿をあらわすのだ。

　冒頭の文章は，古代から綿々と存在するホスピタリティ（歓待）について詳細な検討を行ったルネ・シェレールによるものです。彼はそれを，捉えることが難しい複雑なものであると指摘しています。本書が取り扱うホスピタリティとは，簡単には理解することができないものなのです。
　そこでまず本章では，ホスピタリティとは，どのような状況でいかなるものを指して語られてきたのか，その特徴は何なのか，といった点について簡単に解きほぐしてみたいと思います。

1　神とホスピタリティ

　英語の hospitality の語源は，「客」，「旅人」，「異邦人」，「客をもてなす主人」といった意味をもつラテン語の hospes から派生した hospitâlis です。この hospitâlis は，来訪者を歓待することを意味しています。そのため hospitality とは，外からの来訪者を迎え入れる歓待を指し示す用語であるといえます。「ホスピタリティ」とはこの hospitality を片仮名にしたものですが，本書ではそれを「歓待」を意味する語として使用することにします。
　古代ギリシャの哲学者であるプラトンは，都市国家（ポリス）の市民に課せられる第一の義務の1つにこのホスピタリティを位置づけていました。ホスピタリティは，聖なる義務であり，それに背くなら神々の罰を受けるというのです。最高神のゼウスがホスピタリティの神であるように，神々は仲間も身寄りもない外国人を保護することにことのほか注意を払っているのです。ゼウスは，異邦の旅

人に身をやつして訪ねてきたり，旅人を送り込んできたりします。来訪者は神や神の使いかもしれないのです。先のシェレールは，「歓待は人間的なものではない。歓待は人間的なものを超えたものであり，つねに神的なものとかかわりをもつ。迎えられる者，ある意味でそれはつねに神なのである」と指摘しています。このように，ホスピタリティとは神との関係において生じるものだったのです。

　こうしたホスピタリティは，その来訪者が誰であるかによって左右されることはありません。古代ギリシャの長編叙事詩である『オデュッセイア』では，女神アテナは，人々の目をくらませるために英雄オデュッセウスを乞食の老人に変え，そうした人物を歓待するという試練を人間に課します。またキリスト教でも，旅人をもてなすことが謳われており，特に貧困者の受け入れが重要な意味を持っています。どんな貧しい人でも受け入れるということが，ホスピタリティの大きな特徴とされていたのです。そもそも来訪者はその名すら問われることはありません。なぜなら，神はめったにみずから名乗ることはしないからです。

　また来訪者を迎え入れる人もその貧富の差などが問題にはなりません。たとえば先のオデュッセウスを歓待したのは，貧しい豚飼いのエウマイオスでした。キリスト教においても，迎え入れる人としてむしろ貧困者たることが求められます。この背景には，最終的には客の正体は明かされ，神の驚異によってそのホスピタリティが報いられることが期待されているということがあります。そのため迎え入れる者は，自らがどのような身分であっても，来訪者がいかなるものであっても，分け隔てなく歓待するのです。そしてこうしたホスピタリティは，時として財を使い尽くしてしまったり，自分の妻や娘を客に差し出したりするような，無制限なものとなっていたのです。

　このようにして発揮されるホスピタリティは，社会的にも私的にも意味があるものでした。たとえば古代ギリシャの哲学者アリストテレスは，ホスピタリティを賢人の徳のひとつに数えています。ホスピタリティは富を用いるもっともよい方法であり，その出費の大きさによって偉大さを示すことができるというのです。そして豪華なホスピタリティの実践は，見せびらかしのためのものになり，競争心が煽り立てられていったのです。またこのように来訪者を歓待することは，外部の新しい知識を手に入れ，自らの社会が小さく停滞したものにならないためにも必要なことでした。そもそも外来からの客は，潜在的に敵になる可能性を有していますから，ホスピタリティにより危険を祓うことは大きな意味があるのです。特に古代ギリシャの時代には，明確な国境はなく，都市と都市の関係は流動的であったため，ホスピタリティは重要な役割を果たしたのです。その他にも，自分が来訪者の客となる立場になったり，他者によって私が構成され，また

私によって他者が構成されたりするように，来訪者と受け入れる者の関係は流動的で不可分なものです。ラテン語の hospes が「客」と同時に「客をもてなす主人」を意味するという両義的なものであるのは，このことを示唆しています。他者と私は全くの別物ではないのです。こうして，神への信仰と結びついたホスピタリティが各地で執り行われるようになっていったのです。

2　ホスピタリティの制限

　ここまで，ホスピタリティとは，神と関係したものであり，それがために無制限に開かれたものであると説明してきました。しかし，当然のことながらこれは大きな危険をともなっています。象徴的な出来事として，大航海時代における西洋人と「未開人」とされた人々の出会いがあります。この時代の「未開人」たちは，征服者の西洋人を暖かく受け入れ，大した抵抗もせずに征服されてしまいました。その理由に，「未開人」たちがこうした征服者を神とみなしたことがあるのです。たとえば，メキシコ中央部で栄えたアステカ帝国（1428-1521）は，スペイン人のコルテス率いる軍に征服されたのですが，それが容易になされた背景には，彼らが神ケツァルコアトルと混同され，現地の人々に歓待されたということがあります。

　そのためホスピタリティは，それを制限することが要請されるようになります。これは特に，国家，都市，コミュニティ，家といった，特定の境界の中を護るため浮上し，ホスピタリティに対して法による制約が加えられます。たとえば，亡命者，追放者，難民，移民といった人々は，これまで論じたホスピタリティではまさに歓待すべき選り抜きの人々といえますが，実際には，犯罪や違反と関連づけられながら，しばしば彼／彼女らに対して受け入れの拒否や退去処分が言い渡されます。また，倫理も時にホスピタリティを制限します。たとえば，文明化された社会では，性的快楽をホスピタリティのために使用することは人々に許されていません。とりわけ，来訪者を受け入れる主が，自分の妻や娘を，客に，さらには客を護るためにそれ以外の他者に差し出すという，古代神話や旧約聖書で語られた実践をすることは許されないでしょう。さらに，自らの富を消尽してまで無償のホスピタリティを行うことは，資本主義社会において理解されるものではありません。

　哲学者のジャック・デリダは，古代神話等において語られるユートピア的なホスピタリティを「無条件の歓待」とし，それとここで論じた「条件付の歓待」との関係性について論じています。「無条件の歓待」は，異邦人として社会的地位

を有したものだけでなく，知られざる匿名の他者に対しても贈与し，名前を聞いてもならず，相互的な盟約への参加も要請できません。しかしながら彼によれば，古代ギリシャにおいても，実際にはこうしたホスピタリティは提供されておらず，ホスピタリティが市民の義務とされ，来訪者はそれを受ける権利を有していましたが，それは相互的な契約であり，野蛮な全くの他者は歓待されなかったというのです。つまり「無条件の歓待」は，実際の社会で機能するにあたっては「条件付の歓待」になっていたのです。そしてデリダは，「無条件の歓待」は，もろもろの条件を必要とするが，そうした「条件付の歓待」は「無条件の歓待」を否定し，時にそれを堕落させるであると同時に，それに望まれることが必要とされているといいます。つまり，「無条件の歓待」と「条件付の歓待」は矛盾するものなのですが，不可分なものなのです。

　こうして「無条件の歓待」は神話上のユートピアにおける出来事になり，人間の生きる社会においては「条件付の歓待」が実行されることになります。そして現代のわれわれが生きる世界で提供されるホスピタリティは，古代ギリシャのそれよりも，さまざまな条件がより強化され，極めて限定的なホスピタリティとなっています。ホスピタリティは宿泊業や旅行業でしばしば謳われますが，現代においてお金を払わずに利用することは困難です。また外交儀礼の歓迎式典，難民等の受け入れなど，ホスピタリティと関連する語を用いる政治的事項はありますが，そこでのホスピタリティは非常に制限されたものです。こうして「無条件の歓待」から遠く離れたホスピタリティが執り行われるのが現代社会なのです。

3　サービス産業とホスピタリティ化する社会

　「お客様は神様です」。このフレーズを聞いたことがない日本人はおそらくいないでしょう。これは，1951年に歌手の三波春夫が言ったもので，彼はそれを以下のように説明しています。

> われわれはいかに大衆の心を掴む努力をしなければいけないか，そしてお客様をいかに喜ばせなければいけないかと考えていなくてはなりません。お金を払い，楽しみを求めて，ご入場なさるお客様に，その代償を持ち帰っていただかなければならない。
> 　お客様は，その意味で，絶対者の集まりなのです。天と地との間に，絶対者と呼べるもの，それは「神」であると私は教えられている。

　三波はここで，歓待すべき対象は「お金を払」う「お客様」であるとし，それ

を「神」と位置づけています。つまり，現代の資本主義社会における神は，金を払う消費者たる「顧客＝お客様」であって，そうした消費者に対してのみ「代償」としてホスピタリティが提供されるのです。

とりわけ1970年代に入ってから，脱工業化が進展して消費社会と呼ばれる状況になると，サービス産業化が進展し，顧客に対するホスピタリティが注目を集めるようになります。サービスとは，経済用語として語られる場合，モノが残らない無形の財であると一般的に考えられています。そうしたサービスを取り扱う産業の中で，特に宿泊・飲食・観光旅行業といった接客に関わる業態がホスピタリティ産業といわれるようになってきたのです。このような業態を中心に，ホスピタリティという用語が注目された背景として，サービスという用語に，合理的で均質なものというニュアンスが付加されやすいということがあります。そうではなく，個人的で情緒的な人間らしいサービス，つまり差異化されたより価値のあるサービスを指し示すものとして，ホスピタリティという用語が再発見されたのです。ここまで述べたように，無形の財として顧客に提供されるホスピタリティは，サービスと差別化されつつも，サービスに包含されるものです。ホスピタリティが，個人的かつ情緒的であるということによりサービスと差異化される一方で，それは顧客に提供するように義務化され，その実践自体が時にマニュアル化され均質に提供されるものだからです。

サービスとしてのホスピタリティの特徴としては，先に述べたように「条件付の歓待」であることがあります。歓待の対象はお金を払う顧客であり，提供されるサービスも支払われる金額や職務によって限定されたものだからです。モンスターカスタマーという言葉にあるように，限度を超えた要求をすれば非難されます。ただしこのようなホスピタリティは，「条件付の歓待」であるのにもかかわらず，「無条件の歓待」という幻想と結びつけられていることも忘れてはいけません。そのためホスピタリティは，まるで人としての義務であり美徳であるかのように従業員に突きつけられるのであり，また顧客に本当のもてなしを受けていると感じさせるのです。つまりサービスとしてのホスピタリティは，「無条件の歓待」という幻想と結びついた「条件付の歓待」であることによって価値を持つと同時に有効に機能するのです。

また，ホスピタリティが日本でしばしば「おもてなし」ないしは「おもてなしの心」として言い換えられるように，サービスとしてのそれにおいては感情が注目されるという特徴もあります。ホスピタリティ産業で働く従業員は，顧客の「お客様」を満足させるために「心」からのおもてなしを商品として提供するのです。このように感情を資源として行われる労働は「感情労働」と呼ばれてい

ます。ここでの感情は，従業員個々人のものであるようにみせかけて，実は企業の管理下にあるという点が重要です。従業員はたしかにホスピタリティを提供する主体ではありますが，誰に対していかなる歓待をするのかについて決定する権限を持っていないのです。むしろほんとうのホスピタリティの主体は，迎え入れるかどうかを決定する権力を有している企業であり，従業員はかつて歓待のために客に差し出された妻や娘と同じ位置にあるといえるでしょう。このアナロジーは，接客業に従事する従業員が，往々にして女性であるということからも理解されるのではないでしょうか。従業員の心は顧客への捧げ物なのです。

　このようなサービスとしてのホスピタリティは，いわゆるホスピタリティ産業ばかりでなく，差別化戦略のためにサービス産業一般にも浸透しつつあります。さらに，流動的で変化の激しい現代社会において，国籍・世代・性別の違いなどを背景として常識や慣習が異なる人々が一緒に働く傾向が強まるなかで，企業等の組織を円滑に運営するために，他者を受け入れるホスピタリティの精神が強く求められるようにもなってきています。加えて近年では，国や地方自治体が住民にこのホスピタリティを要請します。観光客を呼び込み国や地域の経済的発展を図るために，「おもてなしの心」と称して住民に無償で歓待することを求めるのです。こうして資本主義社会の現代において，「ホスピタリティ化する社会」が生み出されているのです。

4　ホスピタリティの書物として

　本章を読んで，ホスピタリティとは多様であり，さまざまな特徴をもっていることがおわかりになったかと思います。しかしながら，ここでの説明は極めて概説的なものであり，その姿の一端を現したものに過ぎません。本書は残り24章で構成されますが，各章において，ここで示されなかった特徴も含め，さまざまな視点からホスピタリティが論じられます。そうしたなかで，皆さんはまた新しいホスピタリティに出会うことになるでしょう。

　ただし，読み進めていくうちに，ホスピタリティについてどのように理解すればいいか戸惑うかもしれません。特に第一部と第二部では，概してその視点やホスピタリティを語る姿勢に大きな違いが見られます。しかしながら，どの章で書かれているものも，ホスピタリティの多様なあり方の一つなのです。それぞれの章で，どういう意味で，いかなる立場でホスピタリティを語るのかが記されていますから，それをよく読み，自分なりに位置づけて理解してください。

　このように本書は，これこそが正しいホスピタリティであるというものを提起

するのではなく，その多様な姿を提示します。いろいろなホスピタリティを排除せずに包含し，さまざまな読者に開かれたものとなることを志向した本書は，まさにホスピタリティの書なのです。またそれは，現代のホスピタリティ化する社会に生きる読者の皆さんに，各人の生き方や考え方に問いを投げる，ある意味で来訪者の役割を果たすものなのです。

🖋 考えてみよう！

皆さんが思い描くホスピタリティとはどのようなものでしょうか。具体的な例を挙げ，そのホスピタリティがどのような特徴を持っているのか，本章の内容を参考にして考えてみてください。

🖋 さらに興味がある人へ

ホスピタリティについて理解するために，まずはシェレールの『歓待のユートピア』を読むことをお勧めします（以下，書誌情報は参考文献をみてください）。またデリダの『歓待について』も，我々にホスピタリティについて考えるための糸口を与えてくれます。これらの書籍で論じられるホスピタリティと，現代におけるサービスとしてのそれの関係を検討したものとして，前田勇の『現代観光とホスピタリティ』があり，同書も非常に参考になります。

こうした書籍で得られた知識をベースとして，参考文献で取り上げたものをはじめとする関連する書籍や論文を読み進め，ホスピタリティがいかなるものかについて考えてみるといいでしょう。

【参考文献】

古関博美（2003）『ホスピタリティ概論』学文社
シェレール，ルネ／安川慶治訳（1996）『歓待のユートピア──歓待神礼讃』現代企画室
デリダ，ジャック／廣瀬浩司訳（1999）『歓待について──パリのゼミナールの記録』産業図書
徳江順一郎編（2011）『サービス＆ホスピタリティ・マネジメント』産業能率大学出版部
服部勝人（2006）『ホスピタリティ・マネジメント学原論──新概念としてのフレームワーク』丸善
ホックシールド，アーリー／石川准・室伏亜希訳（2000）『管理される心──感情が商品になるとき』世界思想社
前田勇（2007）『現代観光とホスピタリティ──サービス理論からのアプローチ』学文社
三波春夫（2001）『歌藝の天地──歌謡曲の源流を辿る』PHP研究所

第一部　社会とホスピタリティ

　第一部では，ホスピタリティをめぐる社会的状況について検討します。
　1・2章は，【宗教とホスピタリティ】をテーマとし，ホスピタリティの原点ともいえる宗教的実践として，聖地サンティアゴをめざす巡礼者と四国遍路の旅人へのホスピタリティを論じます。3・4章のテーマは【権力とホスピタリティ】です。3章では，国家による難民の扱いから，ホスピタリティの制限的な側面が明らかにされます。沖縄観光を扱う4章では，沖縄と「本土」の権力関係に注目し，観光客のまなざしとホスピタリティについて分析しています。5・6章【女性とホスピタリティ】では，男性が政治経済的に不利な状況にある外国人女性に期待するホスピタリティと，これに応じた女性の実践が考察されます。7・8章の【マイノリティとホスピタリティ】では，同性愛者のイベントとオタクツーリズムを取り上げ，マイノリティとされる人々がホスピタリティの対象となる要因を分析します。9・10章は【日本社会とホスピタリティ】をテーマとし，9章で日本におけるホスピタリティの解釈が検討され，10章では都市住民へのホスピタリティが農村住民の地域アイデンティティに与える影響が考察されます。11・12章の【被災地とホスピタリティ】においては，11章でツーリズムとの関連を含む被災地訪問者と地元住民との間のホスピタリティの交換を，12章ではボランティア活動を行う人々による被災者へのホスピタリティについて議論します。
　ここで論じられるホスピタリティは，皆さんの想像するサービス産業のそれとは異なるかもしれません。様々な場で実践されるホスピタリティについて，歓待する側とそれを受ける側の関係に留意しながら読み進めて下さい。

第一部担当　吉田道代

1章 サンティアゴ巡礼における ホスピタリティ

竹中宏子

1 はじめに

　現在世界遺産にも登録されているサンティアゴ巡礼路は，中世ヨーロッパで成立したものです。この巡礼におけるホスピタリティは「外来者への歓待」であり，カトリック教徒の義務という認識の下，巡礼開始当初からすぐにサンティアゴ巡礼に顕著な特徴として広くみとめられるようになりました。巡礼者の宿泊施設は hospital と称されましたが，その語源はラテン語の hospitālis で，「客（特に泊り客）を歓迎する」という意の形容詞が基になっています。そこは雨風を凌ぎ暖を取ることができるだけの場所でしたが，身体だけでなく魂の休息も重要視され，十字架や聖人像など宗教的な事物に囲まれた場所でもあったと言われています。このように hospital に関わる組織や個人は宗教関係者や敬虔なカトリック教徒で，彼らによってホスピタリティも維持されていたのでした。

　しかし，現在の巡礼者は中世期のように宗教的な目的で巡礼を行うとは限りません。サンティアゴ巡礼を行う動機は様ざまで，「文化的な興味から」，「アウトドア感覚でできる旅行だから」，「安価で行われる旅だから」などの回答がみられます（2006年筆者の調査より）。注目したいのは巡礼者の数が毎年着実に増加していて，その多くはリピーターであることです（図1）。サンティアゴ巡礼を巡礼者の視点から研究してきたナンシー・フレイは，その理由として，巡礼中に巡礼者の間で創造される新しい社会関係に大きな価値がある点を指摘しています。また，多くの人びとは巡礼を終えても当巡礼に関する講演会に足を運んだり，居住地域にある「巡礼友の会」に入会し活動を展開するなど，巡礼との関わりを維持し続けると報告しています。その関わり方の一つに，巡礼宿で巡礼者を迎え入れる「オスピタレロ *hospitalero*」になるという選択が挙げられます。オスピタレロとは，「hospital に従事する者，温かく迎え入れる人」を意味します。ここから，巡礼者としての経験をもつオスピタレロによってホスピタリティが実践されている巡礼宿があるという事実が見て取れます。

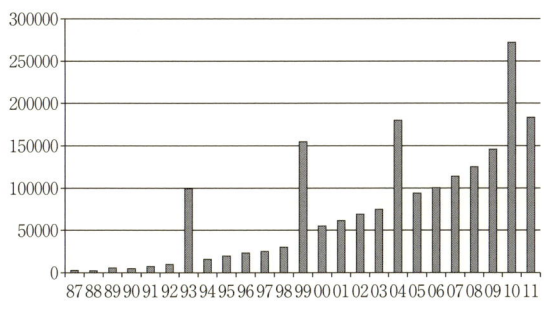

図1　巡礼者数の推移（1987−2011年）
出典）サンティアゴ・デ・コンポステーラ大司教区のデータを基に筆者作成
※1993, 1999, 2004, 2010年はサンティアゴの聖年なので巡礼者も飛びぬけて多い

　そこで本章では筆者のオスピタレロとしてのフィールドワークに基づき，オスピタレロの想いや考えや行動を通して，現在のサンティアゴ巡礼におけるホスピタリティの創造過程を考察していきます。そこからサンティアゴ巡礼におけるホスピタリティについていろいろと考えをめぐらせてみましょう。

2　サンティアゴ巡礼とオスピタレロに関して

　ここではまず，サンティアゴ巡礼とオスピタレロについて概略します。
　サンティアゴ巡礼の起源は中世期に遡ります。当時，イベリア半島はイスラム教徒に統治され，キリスト教徒は北部に追いやられていました。また，他のヨーロッパ地域に住むキリスト教徒にとっても，イスラム教徒はいつ侵入してきてもおかしくない，恐怖の存在でした。そんな状況にあった9世紀初め，キリストの12使徒の1人で最初の殉教者であるサンティアゴ（聖ヤコブのスペイン語的呼称）の墓が発見されました。噂は瞬く間にヨーロッパ中に広まり，サンティアゴの墓を詣でる巡礼路が形成されました。遺体が安置されているという聖地サンティアゴ・デ・コンポステーラは，イェルサレム，ローマと並ぶキリスト教の三大聖地の一つに数えられるようになりました。
　こうしてサンティアゴ巡礼は隆盛を極め，巡礼者のための宿泊施設も増えていきました。しかし皮肉にもイベリア半島におけるレコンキスタ（キリスト教徒にとっての「国土回復運動」）が完遂し，半島がキリスト教世界に再編されると，サンティアゴ巡礼熱は下火になっていきます。特に19世紀，主に教会に対して行われた財産の没収（「永代所有財産の解放」）により教会側が土地や建物を失うと，巡礼者の宿泊施設も減少しました。当時の社会では，サンティアゴ巡礼は過去の

遺物と扱われ，それまで維持されてきた巡礼者への歓待にはほとんど注意が向けられなくなりました。その結果，サンティアゴ巡礼を行う人の数が激減したのです。さらに20世紀に入ってからも，2つの世界大戦そしてスペイン市民戦争が勃発するなど，サンティアゴ巡礼が名声を取り戻す機会は訪れませんでした。再び注目を浴びるようになるのは，20世紀も後半に入ってからのことです。

巡礼者の数は1970年代末から回復し始め，巡礼宿の数も増えていきました。当然，修道院と教区教会がその中心でしたが，この頃には，巡礼路沿いにある市町村も，使われなくなった学校などを巡礼者に提供するようになります。サンティアゴ巡礼に関わる「巡礼友の会」もスペイン国内外につくられるようになりました。それらが集結した第一回国際会議を機に（1987年），巡礼者への献身という点において，その中心的団体が信徒会から「巡礼友の会」のような世俗的なアソシエーションへ徐々に移行していきました。

このような流れに乗るように，1989年には，サンティアゴ巡礼を経験した女性が巡礼路沿いに位置する小さな村に家を借り，7月の1ヵ月間，その家を巡礼者に開放するという行動を起こします。これは，巡礼者を迎え入れる要素が欠けている場所で，巡礼者への支援や歓待を実現したいという彼女の想いから始められたものでした。それは現在の「ボランティアのオスピタレロ（hospitaleros voluntarios）」の起源とも言われています。「ボランティアのオスピタレロ」（以下本章では，「オスピタレロ」は「ボランティアのオスピタレロ」を指す）は，翌年からは，先に挙げた「巡礼友の会」などによってすぐに組織的に継続されていきました。

オスピタレロを組織する団体の一つに「スペイン・サンティアゴ巡礼友の会連盟」があります。筆者はここから派遣されたオスピタレロとしてフィールドワークを行いました。

3 巡礼宿でのホスピタリティ

（1）オスピタレロの一日

筆者が調査に入ったのは，スペインのラ・リオッハ自治州内に位置する人口約7000人のA町で，そこには複数あるサンティアゴ巡礼のうち「フランスの道」が通っています（図2）。巡礼宿はB信徒会が所有・運営し，200人まで収容可能な，巡礼宿にしてはかなり大きな施設でした。この宿で筆者と他4人がオスピタレロとして15日間過ごしました。なお，先に挙げた巡礼友の会連盟から派遣されるオスピタレロは，原則として15日交代とされています。

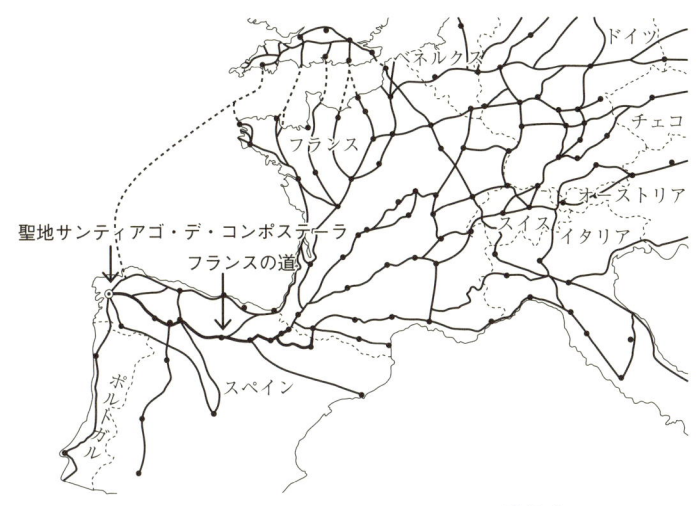

図2　ヨーロッパに広がるサンティアゴ巡礼路

　オスピタレロの一日は，巡礼者を迎え入れるところから始まります。筆者が調査した宿では午前11時に開扉することになっていました。その時間から，つまり，到着した巡礼者を笑顔で迎え入れる行為から，その日泊まる新しい巡礼者たちとオスピタレロの関係が始まるわけです。宿に着いたとき，どんなに疲れているかを経験しているオスピタレロは何よりも先に彼らに休

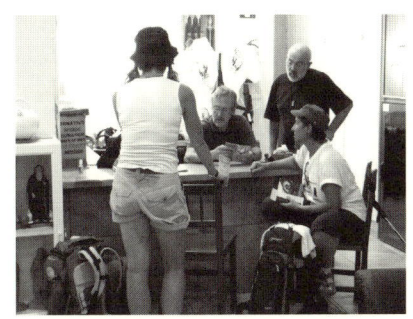

図3　巡礼宿の受付の様子（筆者撮影　2009年）

息してもらいたいと考えます。しかし，まずは入り口で靴や杖を置いてもらい，自転車で来た巡礼者には所定の場所に駐輪してもらうよう指示しなければなりません。また，巡礼者であることを証明し，同時に巡礼宿での宿泊を可能にする「巡礼手帳」（Credencial）を提示してもらい，そこに巡礼宿のスタンプを押す必要もあります（図3）。宿帳への記入作業もあります。さらに，施設の規則や使い方について説明し，最後に必ず「寄付」を寄付金箱に入れてくれるようお願いしなければなりませんでした。こうしてやっと，受付・記入係のオスピタレロから部屋の案内係のオスピタレロにバトンタッチされ，巡礼者はベッドまで案内されるのです。

　オスピタレロはうまく部屋が埋まるようにベッド選択の采配も振ります。たと

えば,「若者は2段ベッドの上に寝てもらい,年配者を下にする」,「2人組みはベッドの上下で寝てもらう」,「女性単身で来た巡礼者は同様の女性たちと同室になるよう優先する」,「3人以上のグループで来た巡礼者には大きめの部屋にベッドをとってもらう」,そして当然,「病気の巡礼者は静かな部屋で寝かせる」など様子を見ながら,また,その日の天気や曜日を鑑みながら,臨機応変に巡礼者のベッドを捌いていきました。

午前11時から午後10時までの開扉時間内に巡礼者は随時到着するので,オスピタレロは交代で対応しなければなりません。その間,巡礼路や宿周辺の情報について様ざまな質問を受けるので,合間を見て「勉強」することが要求されます。

消灯時間になると施設内をチェックし,まだ起きている巡礼者に対しては部屋に戻り寝るよう促します。巡礼者全員が部屋に戻ったことを確認して,オスピタレロも就寝しますが,必要に応じて話し合いを行うこともありました。

早朝5時半に起きて巡礼者を見送る当番以外は,オスピタレロの朝は,巡礼者がほぼ全員出発してから始まります。巡礼者は原則として,午前8時までに次の目的地へ向けて出発しなければなりません。その後宿はオスピタレロだけになるので,宿全体の掃除を始め,開扉時間までに新しい巡礼者を迎える準備を整えるのです。

(2) 葛藤の中で構築されるホスピタリティ

巡礼宿の一日は,宿の形態などにより多少の相違はあるものの大方,先の説明のように流れていきます。しかし,オスピタレロにとっては毎日が平穏無事に終わるわけではありません。

巡礼者の場合,宿に入って受付を済ませてベッドを確保すると,通常,シャワーを浴びたり,洗濯をしたり,食事を取ったりしながら,他の巡礼者との交流を享受します。フレイは,こうしたコミュニケーションを介して,巡礼者たちの間には巡礼経験を共有することでつくられるインフォーマルな「巡礼コミュニティ」が形成されるといいます。

一方,オスピタレロは,「巡礼者」,宿のオーナーである「信徒会」,そして同僚である他のオスピタレロをつなぐ,結び目的存在と位置づけられます。しかしそのつなぎ方は一様ではなく,また容易に達成されるとは限りません。個々のオスピタレロには,そこに至る個人的な想いやホスピタリティに対する捉え方の違いもみられるので,相互の立場や考え方の違いを克服して,巡礼コミュニティおよび巡礼のホスピタリティの安定的維持に日々努めなければならないことになります。筆者のフィールドワークからは,このような使命を負ったオスピタレロが

遭遇するコンフリクトには，大別して，次の3種類があると考えられます。

　まず，信徒会との確執が挙げられます。B信徒会の巡礼宿では，ほぼ100％，巡礼者からの寄付だけで電気や水道代，清掃代が賄われていました。したがって，信徒会としては各巡礼者から最低5ユーロを「取り立て」なければ巡礼宿は健全に維持できません。そのため信徒会の担当者は，毎日受付にいるオスピタレロの横に立ち，寄付を促すよう指示したり，直接巡礼者に「部屋に行く前に寄付金を箱に入れてくれ」とあからさまに請求する行為に出ました。この行為は，オスピタレロにとって「歓待的行為」とは受け止められないものでした。それゆえ，巡礼者には見えない場所で，信徒会員とオスピタレロの間でこの問題をめぐって議論をすることもありました。「巡礼者からの厚意としての寄付に頼るのではなく，施設維持ができるだけの宿代を決めて請求した方がいいのではないか」という提案もしてみました。しかし，信徒会としては巡礼者に金銭を強要することは，彼らが崇める聖人の教えに反する行為であるから，あくまで巡礼者の厚意による寄付としたいと，立場を崩しませんでした。世俗的な考えと宗教的な信念，そして巡礼者に献身するという同じ目的をもっていても，その解釈と実践方法の違いによる確執から，結局，良い解決法は見つかりませんでした。わだかまりを抱えたままで，信徒会員が受付の傍らにいる際には，緊迫した雰囲気に包まれることも多々ありました。これは，現実の消費社会の文脈の中で，巡礼のホスピタリティを提供する際に，起こるべくして起こるコンフリクトであると考えられます。

　二つ目は，オスピタレロ同士のコンフリクトです。先の寄付の問題に関しても，実は，信徒会員と対立するオスピタレロもいれば，信徒会側の行為を当然とする者もいました。異なる意見をもったオスピタレロ同士は，当然，衝突します。また，15日間限定とはいえ，宿に閉じ籠って寝食を共にし，朝から晩まで協働し，巡礼者に対しては常に笑顔で対応することが必要とされているため，自ら志願したにもかかわらずストレスを溜める者もいますし，単なる性格の違いから衝突する者同士もいます。筆者たち5人の間でも，意見の相違から大声を上げるほどの議論が2度あり，結果的に2つのグループに分かれてしまいました。

　このようなオスピタレロ間のコンフリクトから，ホスピタリティのあり方が必ずしも画一的ではないことが理解されます。実際のところ，宿泊する巡礼者にきちんと規則を守らせ，問題なく休んでもらうことが巡礼者に対するホスピタリティだと考えるオスピタレロもいれば，逆に多少消灯時間を過ぎても巡礼者に寄り添い，彼らの悩みを聞いてあげるのがホスピタリティだと信じているオスピタレロもいます。それは主にオスピタレロ個々人の性格や好み，または巡礼者とし

ての経験に基づいているわけですが，多様な考え方をまとめあげる統一された基準が示されていないという現状，そしてホスピタリティを捉えることの難しさを露呈しているといえます。

　三つ目のコンフリクトは巡礼者との衝突です。たとえば，杖は入り口付近に置かなければならないのに，紛失を恐れて他の荷物と一緒に部屋までもっていきたいと主張する巡礼者や，消灯時間になっているのに「この煙草を吸い終わるまで」とねばる巡礼者もいます。これは宿の規則をめぐって現れるコンフリクトで，巡礼者に対してオスピタレロがどこまで監視したり強制したりできるのか，という巡礼者に対応するオスピタレロの位置づけに関わる問題です。あくまでオスピタレロは巡礼者を支援する立場にいるのであって，巡礼者の上位に位置しないことを考慮すると，規則を課すことはそれほど容易ではないのです。

　さらにホスピタリティに関わる例では，オスピタレロとの親密な対話を求めてくる巡礼者もいれば，快適に過ごせればそれで十分満足する巡礼者もいます。たしかに，1970年代から始まるサンティアゴ巡礼の復活において多くの巡礼者が望んでいたのは，かつてのような質素ながら慈善に満ちた巡礼生活だったかもしれません。しかし，巡礼者からオスピタレロに向けられる実際の要求は多様で，オスピタレロは常にこうした多種多様な要求に対処しなければならず，ときに巡礼者との間にコンフリクトが生ずる場合もあるのです。

4　おわりに

　このように，現在のサンティアゴ巡礼におけるホスピタリティは，オスピタレロが遭遇するコンフリクトを介して，彼らがその時々の困難を克服する過程において構築されています。重要なのは彼らが提供するホスピタリティが，巡礼経験者の視点からのみつくられるばかりでなく，巡礼者，信徒会，オスピタレロ同士の間で生じる葛藤を通し，「ホスピタリティとは何か」という審問に常にさらされながら維持され，あるいは変更を迫られながら築き上げられている点です。つまり，ホスピタリティのあり方が個人の性格や経験によって異なるばかりでなく，ひとりが提供するホスピタリティを取り上げても可変的なものなのです。

　もう1点強調したいのは，オスピタレロはいつでも巡礼者になり得るので，「歓待する側」と「歓待される側」の双方を移動する，連続性をもった存在だという点です。したがって，サンティアゴ巡礼におけるオスピタレロの立場は，決して「歓待する側／歓待される側」という二項対立的な図式では捉え切れません。さらにオスピタレロと巡礼者の関係に上下はなく，対等な立場であることも

重要な特徴です。だからこそ，コンフリクトに至る場合も出てくるわけです。それは，オスピタレロがホスピタリティについて，自らの問題として真摯に取り組んでいる現われとも捉えられるのです。

こうして見てみると，サンティアゴ巡礼におけるホスピタリティは個人によるところが大きく，日々刷新されるもので，客観的な表現を用いては捉えがたいものであると理解されます。しかし捉えがたくても，巡礼リピーターを増やす魅力の要因となっているのが現実です。そこには，対等でありながらも巡礼者を歓待するという，オスピタレロと巡礼者の特殊な関係性が存在します。この関係性の上に構築されるサンティアゴ巡礼のホスピタリティは，よもやすれば観光化してしまう巡礼という文化現象を，あくまで「巡礼」に止まらせ，他の巡礼と差異化する重要なエッセンスとも考察されます。歓待する側とそれを受ける側が対等な上に，ホスピタリティが非常に主観的なものであるからこそ，自由な解釈をもって個人が容易に関わることが許され，自分の居場所を見つけることができるのかもしれません。

✐考えてみよう！

自分がオスピタレロになったと想定し，1）徒歩で行うべきところをバスやタクシーで宿に到着した「巡礼者」に対して，2）宿の規則を守らない巡礼者に対して，それぞれのように対応するかについて考え，理由も書いてみましょう。また，巡礼宿に必要なものから順に5点挙げ，その根拠について話し合ってみましょう。

✐さらに興味がある人へ

サンティアゴ巡礼を経験した人のブログはたくさんあります。それらを比較して，その魅力やホスピタリティについて考えてみましょう。実際にサンティアゴ巡礼を経験したい人は，NPO法人カミーノ・デ・サンティアゴ友の会にアクセスしてみるとよいでしょう（http://www.camino-de-santiago.jp/）。
参考文献：日本カミーノ・デ・サンティアゴ友の会（2010）『聖地サンティアゴ巡礼──世界遺産を歩く旅』ダイヤモンド社

【参考文献】

関哲行（2006）『スペイン巡礼史』講談社
Fray, N. (2004) "Stories of the Return: Pilgrimage and Its Aftermaths", in Ellen Badone and Sharon R. Roseman (ed.), *Intersecting Journeys: Anthropology of Pilgrimage and Tourism*, Urbana and Chicago: University of Illinois Press, pp.89-109.
Pombo, A. (2009) "Pasado y presente de la hospitalidad en el Camino de Santiago", *Astórica* Núm28, pp.299-310.

2章 四国遍路とホスピタリティ

森　正人

1 はじめに

　序章「ホスピタリティとは」で説明されたように，客人や見知らぬ人の歓待を意味する「ホスピタリティ」という英語は，客人の保護という意味のラテン語に由来します。そしてこのラテン語から病院やホテル，ホスピスなどの言葉が派生していきます。歓待と病院，ホテル，ホスピスが同じ言葉から出来たことは，キリスト教における愛と「もてなし」の考え方と関係しています。
　では，どのような場合に見知らぬ人がキリスト教徒を訪れたのでしょうか。その一つが巡礼です。巡礼とはある宗教のなかで重要と考えられる場所を訪れる旅を指します。宗教や宗派で一番重要な建築物が置かれている場所，一番重要な人物がいる場所，重要な人物と深い関わりのある場所などが巡礼地となります。巡礼者は巡礼地を訪れ，特定の行為を行ったり，儀式に参加したりすることで，宗教的な満足と同時に，癒やしを受け，日常生活へと戻るのです。
　巡礼者の宗教的な満足は，神や神秘との遭遇だけでなく，同じ信仰心を持つ仲間たちとの宗教的な紐帯の再確認によってももたらされます。この仲間には，同じ巡礼者集団だけでなく，巡礼地で巡礼者をもてなす側も含まれます。これが巡礼者への食事の振る舞いや，無料もしくは安価の宿泊場所の提供巡礼者の快適な巡礼を可能にするのです。たとえば，スペイン北西部のサンティアゴ・デ・コンポステーラに眠る聖ヤコブの遺骸を訪れる巡礼では，巡礼のルート上に救護施設が点在し，巡礼手帳を持つ巡礼者に安価な値段の宿を提供しています。
　このように，巡礼においては歓待，ホスピタリティが大きな役割を果たします。そしてそれは単に巡礼者にとって益となるだけでなく，もてなす側も宗教的な価値を獲得する契機です。キリスト教では，隣人，見知らぬ人，弱者のもてなしは，イエスの教えの体現とみなされるからです。つまり，ホスト側にとっても歓待は宗教的な実践なのであり，ゲストとホストの間ではサービスの交換が行われているといえるでしょう。では，日本の巡礼ではどのようなホスピタリティが

見られるのでしょうか。

2　四国遍路のホスピタリティ

　日本では著名な社寺仏閣の参詣が江戸時代に盛んになりました。それに併せてそれらの周辺には宿泊や食事の施設が整備されました。これを門前町と呼びます。三重県伊勢市の伊勢神宮外宮（豊受大神宮）も多くの参詣者を集め，門前町として山田が形成されました。そして伊勢神宮外宮では，御師と呼ばれる下級神官が全国を廻ってお札や伊勢暦などを配って参宮の勧誘をし，伊勢神宮を訪れる伊勢講の信者の宿泊や案内の世話をしたのです。

　門前町でのサービスに対して，参詣者は基本的に代価を支払っていました。しかし，より長期にわたり，しかも身体的な苦難をともなう巡礼においては，無料のサービス提供が行われることもありました。その一つが四国遍路における「お接待」です。

　四国遍路とは，四国にある88の札所と呼ばれる仏教寺院を巡る巡礼です。その起源は不明ですが，おそくとも平安時代末までさかのぼることができるという説もあります。1653年に僧侶の澄禅が記した『四国遍路日記』は，彼が現在と同一の88の札所寺院を訪れたことを伝えており，この時期には88の寺院が巡礼地として訪れられていたことが分かります。道標の設置や，渡船や道路整備のほか，案内書の出版などにより，一般民衆の間で18世紀前半に四国遍路が流行しました。

　「遍路」という言葉は，「辺路（へじ）」と呼ばれる「海べりの行者路」を使って修行していた行者が自らを「辺路（へんろ）」と呼んだことに由来するとも言われますが，正確なことは不明です。1687年に僧侶の宥辨真念が記した，四国遍路についての初めての案内記『四国辺路道指南』では，辺路という言葉が用いられています。

　四国遍路は真言宗の開祖である弘法大師空海にゆかりの地をめぐることで，彼の修行を追体験することを目的にしています。88の寺院は空海と何らかの関係を持っています。また四国遍路では「同行二人」という言葉がしばしば用いられます。これは，巡礼者が空海とともに巡礼を行なっていることを指し示しており，巡礼者が手に持つ金剛杖は空海の身代わりと説明されます。

　このような認識の中で，巡礼地およびその周辺の人びとは巡礼者を歓待することが空海を歓待するのに等しいと考えています。四国遍路における歓待は善根宿と接待の形で現れます。そのため，浅川泰宏が指摘するように巡礼者の中には巡

2章　四国遍路とホスピタリティ —— 19

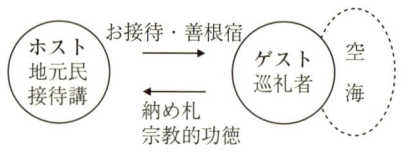

図1　お接待のメカニズム

礼地周辺の村でのお接待を求めて、巡礼ルートを外れる者も少なからずいたようです。

　善根とは仏教用語で、よい報いを招くもとになる行為や、さまざまの善が生じるもとになるものを指します。善根宿とは、巡礼者を無料で宿泊させることで、仏教における功徳を積む行為です。巡礼者が家を訪れて宿泊させて欲しいと頼むこともありました。夕方に近くの寺院で巡礼者を待ち、自宅に招く場合もありました。これとは別に、巡礼者を宿泊させる遍路宿というのもあり、これは巡礼者が米などを持ち込むことで宿泊料金を安価に抑えることを可能にしていたのです。

　お接待は巡礼者に物品を与えることにより、与えた人も四国遍路の功徳にあやかることができるという考え方に支えられた習俗です。お接待を受けた巡礼者は、札所寺院を訪れた際に奉納する「四国八十八カ所巡拝」「同行二人」と書いた納め札をお礼に渡す場合もあります。この納め札を受けると、お接待をした人も巡礼を行ったのと同程度の功徳を積むことができると考えられています。したがって、四国遍路のお接待に現れるホスピタリティでは、ホストとゲストの双方とも利益を享受します（図1）。

　このお接待は個人の善意で行われる場合と、弘法大師空海への信仰を基盤にする「講」というグループ単位で行われる場合があります。講では、毎月定額のお金を出し合ったり、米や麦などを集めたりして、お接待に備えます。

　講による接待は、札所寺院周辺の村落によるものと、遠隔地からのものの二つに大別されます。まずは周辺村落からの講の例を見てみましょう。香川県善通寺市の74番札所、甲山寺には、善通寺市の南に位置する仲南町の七箇帆之山地区から、毎年旧暦3月3日あるいは4日の1日間だけ接待を行うためにやって来ます。この地域の接待講は天保年間（1830～1844年）に始まったと言われています。接待の活動は地区の約200世帯から米、小豆、味噌、干し大根、たくあんなどを集めることから始まり、これらの品物を甲山寺境内の茶堂と呼ばれる堂の前で煮炊きし、接待の食事を振る舞うのです。

　四国外からの接待講として有名なのは和歌山県の有田市の講です。これは有田市・有田郡全域と海草郡下津町小原地区の人々によって構成され、毎年春に徳島県鳴門市の一番霊山寺で接待を行っています。その起源は1818年とも言われます。明治維新前後の混乱期や太平洋戦争中には一時的に中断しましたが、1947年に再開されてからは現在までその活動が続いています。講の世話人は接待台帳を

片手に地区の各戸を回って金品を集め，それをフェリーで鳴門市へ搬送する。霊山寺境内の山門脇には，同じ和歌山県の野上（のかみ）施待講と共同で建てた接待所があり，そこで品を並べて接待するのです。フェリーを用いる以前は，地元の漁師たちが無料で物品を搬送していました。漁師たちは輸送の功徳で大漁の幸があると考えたのです。

　霊山寺境内の接待所では野上施待講が3月の彼岸前後，有田接待講が4月に接待を行っています。この建物は天保13年（1842年）に建てられ，その後の建て替え費用は，両方の講の折半です。野上施待講は，和歌山県の野上町・美里町・海南市（すべて元海草郡）の人びとが中心で，その始まりは寛政元年（1789年）と言われています。この講の本部は，野上町にある下佐々大師堂，すなわち宗教法人「大師寺」です。巡礼者に物を施すという意味から，野上の場合は「施待講」と名付けられています。

　このほか，77番札所の道隆寺には，岡山県の数か所や広島県尾道市から団体で接待に来ています。また，第二次世界大戦まで松山市の52番札所，太山寺には大分県臼杵（うすき）市周辺からの接待講がうどんを振る舞っていました。徳島県小松島市の19番札所の立江寺には大阪府南部から和泉接待講・信達（しんだつ）接待講が来ていました。また昭和初期には，立江寺自身が，接待を行って善根を積むという「善根会」を組織していました。

3　ホスピタリティの社会性と物質性

　このような四国遍路のお接待は，巡礼者（ゲスト）ともてなす側（ホスト）との接触をとおして実践されていました。両者の遭遇は物質的な基盤に支えられており，その基盤が変化すると交流も変化します。

　たとえば，巡礼者が徒歩や公共交通機関で巡礼する場合，両者が接触し交流する時間は確保されます。しかし，参拝が終われば貸切バスに飛び乗りすぐに次の札所寺院へ向かうような場合，ホストとゲストの間の交流は充分ではなくなります。四国遍路で最初の貸切バスツアーは1953年に伊予鉄観光社によって主催されました。当初は住職と檀家の人々，各地域の講組織，または近所で誘い合って，団体でバスをチャーターするのが一般的でした。その後，多くのバス会社や旅行代理店がツアーを取り扱うようになり，1960年代にはすでに，バスツアーの巡礼が一般化しています。

　巡礼方法の変化にともない，巡礼者がお接待を受ける機会は減少しました。1980年代半ばの新聞には「最近では観光バスやマイカー，タクシーなどの乗り物

を利用する遍路が増えたためか，せっかくのお接待があっても，見向きもしない人もある。（中略）遍路が"観光化"しつつあるのに比例して，お接待の姿も目に見えて減少し，それも形式化しつつある」（『朝日新聞』徳島県版　1984年9月6日）とあります。1970年代末にはすでに徳島県板野町の婦人会によって，「戦後における社会構造や，生活様式の多様化・合理化によって，道行くお遍路さんの数もめっきり減り，かつての風物詩であったお接待の風景も遠い歴史の彼方の出来事のように思われますが，私たち町の人々の心から，かつての気風を奪うことはできません」（『四国遍路と私たちの町』3頁）とも述べられています。社会の変化，巡礼手段の質的変化にともない，地域の講集団によるお接待の風景は消えつつあったのです。

　しかし1980年代は同時に，お接待の復活の時期でもありました。お接待復活の契機として，ここでは四国八十八カ所霊場会の活動と，行政による取り組みに注目してみましょう。四国八十八カ所霊場会は四国遍路の88の札所寺院の組織であり，筆者の調査によると設立時期は第二次世界大戦後と考えられます。この団体は1980年代まで統一的な活動を行っていませんでした。そもそも，真言宗の開祖である空海への信仰に由来する四国遍路は，真言宗から民間信仰と見なされ，積極的な関与が長く控えられてきたのです。たとえば，第二次世界大戦前の巡礼体験記には，札所寺院の関係者による巡礼者に対する冷淡な態度の批判が記されています。第二次世界大戦後の体験記では，戦前に比べると数が減っていますが，それでも納経所の対応に対する不満が書かれています。

　その札所寺院が，四国八十八カ所霊場会として巡礼者をもてなし始めるのは1980年代末です。1988年には「美しい環境で巡拝者を迎える」ために，各寺院周辺の遍路道を花で飾る「花の遍路道」運動が行われました。また，同年に徳島市で開催されたシンポジウムで，老朽化し，不衛生なトイレの存在が指摘されたことを受け，霊場会は「トイレプロジェクト」を立ち上げました。この中で1993年以降には霊場会の「モデルトイレ」が作られていきました。

　また，地方自治体もお接待を中心に据えた地域活性化政策を展開しました。香川県は1996年に「香川は『おせったい』が得意です」というキャッチフレーズを観光キャンペーンで採用し，お接待を地域のホスピタリティ文化として強調しています。とりわけ，四国遍路の巡礼路の世界文化遺産登録運動が始まると，お接待は四国全体の「もてなし」「ホスピタリティ」の地域文化としてクローズアップされていきます。

　1998年，愛媛県松山市を中心にして地域活性化を考える民間団体「えひめ地域づくり研究会議」は，地元を再確認するという趣旨に沿うものとして「ローカル

に生きる——四国遍路文化に学ぶ」というテーマで四国遍路に注目し，世界文化遺産登録運動の開始を決定します。会場は越智郡玉川町にある58番札所の仙遊寺であったため，このときの決議は「仙遊寺宣言」と呼ばれました。こうした動きに行政や自治体は大きな関心を寄せていったわけです。

図2　愛媛県西予市の茶堂

愛媛県では仙遊寺宣言以降，「癒し」をテーマにした地域振興事業が進んでいきます。スペインのサンティゴ・デ・コンポステーラ巡礼が巡礼路とその周辺の施設を総合的に含めることで世界文化遺産登録されたことを例に，遍路道と呼ばれる四国遍路の巡礼路と，それに関わるさまざまな設備を新たに設置したり復活させたりすることで，「癒し」をテーマとした新たな観光スポットを作ろうとしました。一連の動きの中で，お接待の舞台である茶堂が再建されていきます。

「茶堂」は，四国遍路の接待としてお茶だけでなくて煮豆や梅ぼし・だんご・いり餅などを巡礼者に提供していた場所です（図2）。愛媛県西予市城川町・西予市野村町・河辺村の周辺には道の辺に茶堂が残されており，城川町には旧街道の辻々に茶堂が59ヵ所も残存しています。一間（約1.8メートル）四方の方形で屋根は茅ぶき，または瓦ぶきの宝形造で，正面の奥一方のみが板張りで，そこに棚を設けて石仏を祀っているのが典型的な茶堂の構造です。茶堂は虫送りなどの村落の習俗や儀礼が行われる場所でもあり，毎年旧暦7月には巡礼者や子どもたちに食事や茶を振る舞っていました。地域コミュニティの再生のために，この茶堂の修復や復元が注目されたのは1990年代半ばです。1994年に旧城川町，1998年に旧野村町の茶堂が復元されています。

このように四国遍路のホスピタリティは，それぞれの時代の状況の中で変容しています。巡礼ツアーがブームになると，それは消えかかり，四国八十八カ所霊場会の活動や，地域活性化，世界遺産登録運動が活発化するときには再び注目されていきました。その中でホスピタリティを可能にする巡礼路周辺の施設が再建されます。つまり，ホスピタリティという精神的表現は，社会的な制度や物質的な施設の変化と分かちがたく結びついていると言えるでしょう。

そもそも，お接待が持つ意味それ自体も，現在のように肯定的なものであり続

けたわけではありません。江戸時代には　土佐藩（現在の高知県）がたびたび物乞いをしながら巡礼を続ける巡礼者の「乞食遍路」の取り締まっており，阿波藩（現在の徳島県）でもこのような巡礼者の取り締まりの強化を願い出る史料が存在します。明治時代になっても為政者による巡礼者への対応は変わらず，高知県では物乞いをしながら巡礼を行う者を取り締まっていました。木賃宿や民家での宿泊を断られ宿を確保できない巡礼者や，非常に不衛生な馬小屋しか宿として提供されなかった巡礼者もいたのです。20世紀の初め，近代化を推し進め，世界の一等国になったと自認する日本において，旧態依然としたお接待という悪習が横行しているのは極めて遺憾であり，こうした巡礼者たちは保護施設に収容しなくてはならないという新聞記事も香川県で書かれました。

　第二次世界大戦後に農村で展開した生活の近代化と合理化を推し進める生活改善運動では，古く非合理的な風習の廃止が目標に掲げられました。そして四国の村落では，金品の見返りを期待できないお接待は支出を増やす非合理な風習と考え，お接待を廃止するところもありました。

　興味深いことに，同じ生活改善運動でも第二次世界大戦中には，お接待が肯定的に評価されていました。物資や食料が戦地に送られることで国内の物品が欠乏し，また国民の団結が求められるようになると，質素な生活や相互扶助の精神を四国遍路が体現しているという主張が見られるようになります。お接待は自分の利益よりも他人の利益，公共の利益を優先する精神の表れと，四国遍路に関する団体は主張したのです。

4　おわりに

　宗教はさまざまな形で同じ信仰を持つ人を支える制度を持っています。とりわけ宗教的な動機で遠くはなれた場所へ旅に出かける巡礼では，巡礼者の歓待は重要です。そのため，巡礼地，巡礼路，そしてその周辺にはホスピタリティを体現する儀式や施設が存在してきました。

　宗教での歓待やホスピタリティは，信仰の基盤となる教義の発露です。しかし宗教は宗教として自律しているわけではなく，地域社会や国家といった，宗教以外の社会的諸制度とつねに関わりを持ちながら存在しています。その中で宗教の諸制度そのものや制度の意味もまた変化するのです。

　四国遍路においては，お接待がホスピタリティの表れです。現在，それは四国に住む人びとが巡礼者を暖かく受け入れてきた地域文化として語られています。しかし，そうした文化はつねに社会の変化に影響を受けてきました。あるときに

はそれが特定の理由で重要とされ、別のときには別の理由で重要とされてきたのです。そして、あるときにはそれは廃止すべきとも言われました。また、観光スタイルの変化や地域活性化政策の活発化といった社会的な変化の中で、ホスピタリティの時間と空間は消失したり、再登場したりすると言えるでしょう。

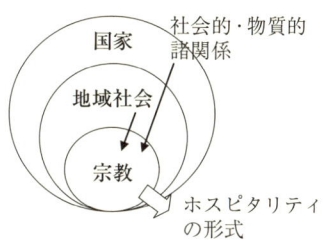

図3　ホスピタリティの形式と社会的・物質的諸関係

このように考えると、宗教の例に限らず、ホスピタリティを自明のものとしてとらえるのではなく、それがどのような時間と空間において、社会的に存在するのかを検討する必要が出てくるではないでしょうか。ホスピタリティを存立させる社会的、物質的な基盤の検討は、だからホスピタリティには意味がないというようにその根拠を揺るがすためではなく、それを持続させるためにどのような条件が求められるのかを深く理解するために必要ではないでしょうか。

🖋考えてみよう！

それぞれの宗教において、どのようなホスピタリティが、なぜ重要だと考えられているのか、考えてみよう。また、そのようなホスピタリティを支えるために、それぞれの宗教ではどのような施設や制度が作られているのか考えてみよう。

🖋さらに興味がある人へ

インターネットで検索すると、四国遍路の世界文化遺産登録運動に関するページが多く見つかる。これらは、四国の人びとが巡礼者をもてなしてきたことを強調している。どのような表現で、どのようなもてなしの文化が強調されているのか、そしてそこではどのようなことが語られていないのか。四国遍路の概要や歴史については、森正人『四国遍路の近現代』を参考にして、考えてみよう。

【参考文献】
浅川泰宏（2008）『巡礼の文化人類学研究——四国遍路の接待文化』古今書院
板野町婦人会ふるさと探求学級（1979）『四国遍路と私たちの町』板野町婦人会
デリダ、ジャック／広瀬 浩司訳『歓待について』産業図書
森正人（2005）『四国遍路の近現代——モダン遍路から「癒やしの旅」まで』創元社

3章 難民とホスピタリティ

北川眞也

1 はじめに

　ここでは，難民へのホスピタリティ，すなわち難民を歓待することの倫理と政治について考えます。

　読者のみなさんのなかには，「難民を実際に見たこともないし，それは社会の周縁的問題じゃないか」と思われる方もいるかもしれません。日本社会ではこのような感性が支配的なものでしょう。ましてや，難民を受け入れる側の「私たち」も余裕がないと言う人もいるでしょう。「財政難で日本人の社会保障も不確実なのに，外から受け入れるなんて無理に決まっている」と。

　このように考える「私たち」は，難民についてのニュースを耳にするとき，どのような立場に身を置くことになるでしょうか。まずもって「私たち」は，難民を受け入れる側の立場に身をおいていると言うことができるでしょう。もう少し正確に言うならば，国境に囲われた日本という領域の内側にいて，難民を受け入れるか否かを決定する側の立場から，そうしたニュースを聞いているのではないでしょうか。

　本章では，難民認定についての法的・技術的な問題よりも，難民と呼ばれる人たちが，どのようにして「私たち」と関係しているのかを想像できるようなきっかけを提供することに重点を置くことにします。

2 主権国家と難民

（1）難民とは「誰」か？

　基本的に，地球上の大地は，国境というラインによって分断され，いくつもの国家によって空隙なく覆われていると言えます。国境で囲われた領土に対しては，それぞれの国家が排他的な権限を有しているのです。したがって，「私たち」が他の国へ入国する際には，国境上で，その国家によるチェックを受けることに

なります。どうしてチェックされるのでしょうか。それは，「私」があやしい人間ではないか，危害をもたらす人物ではないかどうか，つまり，領土内に通しても大丈夫な人間であるかそうでないかを調べるためだと言えます。いわば，国境の内側のセキュリティを保全するためなのです。

通常，入国時には，パスポートの提示が義務づけられています。日本国籍のパスポートを提示すれば，たいていの場合は，容易に素早く国境を通過することができてしまうために，国境において何がなされているのかにさえ気づかない人もいるかもしれません。しかし，国境は，国家による身元確認の場所です。そこでは，「私」が誰であるかを証明しなければならないのです。そのために「私」は，パスポートという一種の身元証明書が必要とされるわけです。パスポートが身元確認において説得力を持つのは，「私」が所属する国籍国によって発行されていることにより，外国人としての「私」の身元には国家による裏書きが与えられているとみなされるからです。

では，もしパスポートをもたずに，国境上に姿を現すならどうなるでしょうか。自分が誰であるかを示すことなく，「見知らぬ人（stranger）」として国境に姿を見せるならどうなるでしょうか。上述のセキュリティの論理からすれば，身元の定まらない人間は，入国拒否の対象とされ，どのような理由があろうとも，不法入国者として，十把一絡に追放されることになるのでしょうか。

しかし，このような国家主権の排他性に対して，一定のはどめをかけるべく大戦後の時期に制定されるに至ったのが，難民保護をうたった「ジュネーブ諸条約および追加議定書」なのです。ここでイメージされていた難民とは，自国の保護を受けられないばかりか拘留・拷問・殺害など，迫害される可能性があると考えられた人々のことです。このような定義には，大戦期のヨーロッパで生じた出来事が大きく影響していると言えます。ヨーロッパ大陸では，新たな独立国家の誕生や戦争の激化にともない，国境が複雑化するにしたがって，どの国家からも所属を認められずに，難民状態に陥った人々が，3000万人ほども生み出されたのでした。

戦後の難民保護のあり方が，国際的な人権レジームの創出に貢献し，大きな成果を収めてきたことに疑念の余地はないでしょう。1951年に国連で採択された難民条約の適用範囲は，1967年の議定書によってヨーロッパから世界全体へ拡大され，迫害の危険のある人を本国に送還してはならないという「ノン・ルフールマンの原則」は，広く認知されるようになりました。国連の一機関であり，難民問題の解決を任務とする国連難民高等弁務官事務所（UNHCR）の世界的な正当性も大きく高まりました。今日では，「先進国」のなかには，数千人，数万人を，

条約に定められた意味での難民として認定し，受け入れる国々もみられるようになっているのです。日本もまた，1970年代後半のインドシナ危機を機に生じた「ボート・ピープル」の流出に対応するべく，1981年に難民条約，1982年に議定書を批准しています。

(2) 主権権力の暴力性

しかし，より現実を直視するのであれば，こうした難民保護体制が，その克服しがたい限界を抱えていることもまた強調されなければなりません。この難民条約・議定書は，基本的に国家間（inter-state）の合意に基づいたものです。それゆえに，国家のさらに上から命令を下すことで，国家の主権を制限できるような超国家的（supra-national）な権限はありません。むしろ，国家の主権性を認めた上ではじめて，それは成立していると言うべきなのです。

こうした状況を象徴しているのが，次のようなケースでしょう。2005年1月に日本政府は，UNHCRによって人道的見地から保護する必要のある「マンデート難民」と認められていた2名のクルド人親子を，トルコへと強制送還したのです（朝日新聞2005年1月19日）。クルド人とは，国家を持たない最大の少数民族と言われています（第一次大戦後の国境確定によって，トルコ，シリア，イラク，イランに散らばることになった）が，自らの文化や言語の使用禁止，武力による攻撃など，歴史的にトルコ政府によって激しい弾圧を受けてきた人々です。こうした状況に身を置いていたために，この2名のクルド人の家族は，日本で難民申請を行い，UNHCRもそれに値すると認めたわけです。しかしながら，日本はおそらくトルコ（長らく「クルド人」という集団はトルコにいないと主張してきた）との友好関係を重視するという外交的・政策的理由によって，いわば主権国家の論理を優先することによって，これまでクルド人を難民認定したことは一度足りともないのです（クルド人難民を支援する会『難民を追いつめる国』，2005年）。

こうして難民として認定されずに，さらには何らかの人道的保護の対象にもならない人々は，「不法入国者」として，強制収容・退去の対象となってしまいます。このケースからわかるのは，外部から来た人々の身元確認を行い，分類・選別して，入国の可否を決定するのは，基本的に，国家の主権権力だということです。国境には，どれほど民主主義を自認し，どれだけ平和を掲げている国家であっても，人権という規範には容易にしたがわせることのできない力，いわば国境の内側における法や民主主義を超過するような主権権力が内在していると言えるのかもしれません。内側にいる「私たち」には見えにくいのかもしれませんが，「私たち」の共同体によって「かれら」に行使されるこうした暴力性によっ

て,「私たち」の社会は維持されているのかもしれません。

　歓待という倫理，そして政治が本当に問われるのは，このような場所において，そしてこのような状況にいる人々に対してでしょう。それは，主権権力のただ中，そして内部にいる「私たち」もその一部を担っている主権権力のただ中でこそ問われるのです。

3　歓待と移動・越境

(1) 難民審査の外部化

　哲学者ジャック・デリダは,「無条件の歓待」という着想を提示しています。それは，あらゆるヒトやモノの到来を歓待するということです。どこから来たのか，何の目的で来たのかなどは一切尋ねてはいけません。無条件の歓待は，「誰」であるかを明らかにすることなく歓待するという一種の掟なのです。けれども，もし無条件の歓待を押し進めれば，国家のもつ主権性そのものを否定し，国境を完全に廃止するような事態を生み出してしまうと思われるかもしれません。

　ただ逆説的なことに，そのような事態になれば,「かれら」を歓待する行為自体が不可能となってしまっているのです。なぜなら,「かれら」に提供する場所,「かれら」を歓待するための場所，つまりは「私たち」の場所自体が失われてしまうからです。それでは，歓待という行為は成立しません。しかし一方で,「私たち」の場所を設けるということは同時に，先ほど克服すべきものとして言及した主権性，境界を設定し人々を選別する主権権力をも生起させてしまうのです。

　それゆえ，ここには二律背反があります。

　実際の難民認定の過程は，このような二律背反を体現しています。パスポートのない身元不明の人間たちが到来したとき，無条件に国境の内部へ通すということはありません。法によって，難民の定義に該当するかどうかを審査する過程自体が，当該人物の詳細な身元確認の過程であることは言うまでもないでしょう。もし認定されれば難民として保護されますが，そうでなければ「不法移民」として追放されることになるのです。ただし，たとえどれだけ条件付きで，制限されたものであっても，このような法があるからこそ，難民認定という制度が実現され，かれらを歓待することもできるというわけなのです。

　しかしながら，昨今の先進国には，この条件付きの歓待さえも切り縮めてしまおうとする動きもみられます。それは，国境上で露骨に主権権力を行使することによってそうするのではありません。逃れてくる人々があらかじめ，できる限り

国境にまでたどり着けないようにすることで，難民に出会わないようにするのです。つまり，歓待の場面そのものを減らしてしまおうというわけなのです。次のよく知られた例を参照しましょう。2001年夏の「タンパ号事件」です。オーストラリア沖で，「密航船」が沈没しているところに，ノルウェーの「タンパ」という貨物船が遭遇し，「密航船」の乗船者434人を救助しました。この乗船者たちは，アフガニスタンから逃れてきた人たちで，幼児や妊婦も含まれていました。タンパ号はかれらの希望にしたがい，オーストラリア・クリスマス島への入港許可を，オーストラリアに打診しました。しかし，オーストラリア政府はそれを拒否したのです。この結果，船は一週間の間，どこからも受け入れられることなく，海上に留め置かれ，海の上の収容所と化した船上にいる人々は体調を崩しはじめてしまいました。この膠着状態を脱するべく，オーストラリア政府は，かれらを近隣のニュージーランドとナウルという国に下船させることで，かれらの難民審査が，オーストラリアではなく，ニュージーランドとナウルで行われるようにするという提案をしました。これが意味するのは，難民審査にかかる諸々の費用はオーストラリアが負担するのですが，責任はオーストラリアにはないということです。これこそが，難民審査を外部化する，いわば国境を外部化するという方策です。このような国境の外部化は，ヨーロッパなどで顕著ですが，現代の難民・移民政策において重要な位置を占めるようになっています。

　こうした状況においては，難民になろうとしても，難民申請しようとしても，そもそも国境にまでたどりつくことが，極めて困難になっているのです。したがって，住み慣れた土地から逃れ，移動・越境しようと思えば，国境から離れたところへも広がりゆくこうした管理の目から逃れること，すなわち不可視になることが，「かれら」には求められてこざるを得ないわけです。

(2) 難民の移動過程

　ここで私たちは，移動する人々，国境までたどり着こうとする人々の行為に対して目を向ける必要があります。というのは，歓待について考えていくとしばしば，受け入れる側にいる「私たち」，ホスト（主人）である「私たち」の側だけで一方的になされる振る舞いのようにみてしまいがちだからです。しかし，歓待される側にいるゲスト（客人），つまり，かれらはただ一方的に歓待されるだけ，選別されるだけの受動的な客体というわけではありません。なぜなら，難民の歓待という行為が可能となるには，まずはかれらが国境に姿を見せ，「私たち」の政治共同体の領域に侵入してこなければならないからです。先にかれらの移動・越境行為がなければならないのです。このような移動の結果，はじめて条約上の

「難民」になる可能性が存在するのです。「かれら」のほうこそが、歓待の場面をつくり出していると言っても過言ではないでしょう。

たとえば、オランダに渡ったイラクのあるクルド人の場合ですが、当時のフセイン政権下においては、クルド人は正式のパスポートを発行してもらえなかったため、役人からの横流しで手に入れる、あるいは他人からのパスポートを買うなどして、いわば偽のパスポートを入手していました。このパスポートによって、出国時のチェックが比較的緩いとみなされていたイランに入国します。しかし、イラク国籍でヨーロッパ諸国へ入国するには、ビザの取得（通常、ビザは事前に目的国の在外公館で申請・取得しなければならない）が義務づけられているので、そこでさらにビザなしでヨーロッパへ入国できる別の国のパスポートを手にすることになります。そして、その国の国籍をもつクルド人になって国境を越えるわけです（朝日新聞2003年7月11日）。こうした過程には、様々なかたちでこの不可視な移動を斡旋するブローカーが関わっていることもあります。ゆえに、このような移動は、かれらへの見返りを支払うことのできる人々に限られます。それができない人々は、陸を伝ってトルコに密入国し、貨物船などの中に隠れて、ヨーロッパの国境を越えようとします。このような貨物船の転覆事故あるいはそのなかで窒息死してしまった人々のニュースを、耳にしたことがあるのではないでしょうか。

このような移動について、どのように考えたらよいでしょうか。犯罪に手を染めているような密航業者や人身売買業者らしきブローカーがいたり、当の本人も身元を偽るなど匿名化しているために、あやしい逸脱した不法な移動のように感じられるでしょうか。本当に難民なのだろうかと。本当のところは、いったい「誰」なのだろうか、本当はどんな目的できたのだろうかと。

まさしくそのような態度が、日本の難民に対するまなざしでは支配的となっているのかもしれません。「難民鎖国」と呼ばれるほど、いわゆる先進諸国のなかでは極めて難民の認定には厳しい国です。確認しておけば、難民申請者（あるいは庇護申請者）は「犯罪者」ではありません。かれらは刑法を犯し裁判を経て刑が確定されたわけではありません。しかし、かつては難民申請をしているにもかかわらず、許容されている滞在日数を越えた場合にはオーバーステイとして、入国管理局の収容所に閉じ込められることもありました。仮放免という規則で外に出られる可能性もありますが、そのためには保釈金が要求されます。たとえ仮放免されても、基本的に就労はできませんし、医療費も全額負担、国内の移動も制限されています。

しかしながら、難民にならざるを得ない条件にいるからこそ、かれらは住み慣

れた土地から逃亡し，このような地表の下を這うような匿名の移動，不可視の移動を強いられるのではないでしょうか。にもかかわらず，「かれら」は国境にたどり着くや否や，「私たち」の定住する可視的な地表の上のルール，大地を覆う主権国家間のルールにしたがうよう強いられます。それはすなわち，国境で確固たる「私」の身元を示さなければならないということです。国境上でなされる「あなたは誰か」という問いに対して，「私」のアイデンティティを示すこと，「私」が難民であることを矛盾なく証明することです。はっきりとしたアイデンティティを求めることが，いかに条件付きの歓待であるのか，いかに「私たち」の論理であるのかを，ここから推察できるのではないでしょうか。

　歓待という問いが浮上してくるのは，まさにこのようなズレの局面においてです。歓待は，こうした今ある法の枠組み，社会の枠組み，人々の感性を越えるような局面との関係のなかでこそ思考・実践されるのです。

4　おわりに

　ホスピタリティや歓待という言葉は，少しソフトな「行儀のよい」イメージを与えるかもしれません。しかし，実際にはこのようなイメージとはかけ離れたものとして理解する必要があるのです。この着想，この営為について考えていけばいくほど，それが非常に政治的な概念であることがみえてきたのではないでしょうか。

　様々な移動を経て国境にまでやってくる「かれら」の姿。それに加えて，たとえば2004年に難民認定を求めるクルド人の二家族（先ほど言及したクルド人親子を含む）が行った東京・国連大学前での72日間に及ぶ座り込み，さらには入国管理局の収容所内で頻発するハンガーストライキは，「私たち」に何を見えるように，何を聞こえるようにしているのでしょうか。

　かれらは，基本的には内側にいる「私たち」が経験することのない日本という政治共同体の姿を目の当たりにしています。「かれら」はかれらの位置から日本社会を，そして「私たち」をまなざしています。あらゆる物事は，他者との関係においてしか意味を与えられません。したがって，「私たち」が「私たち」に向かって，「私たち」は民主国家であると言ってみたところで，自己満足的なものでしかないことは強調してもし過ぎることはないでしょう。

　歓待は，他者との接触を通じて，「私たち」自身の法・社会・感性，つまり主人＝ホストである「私たち」自身のほうもまた変化することを迫られるような出来事なのです。それは，選別を行う「私たちの」国家の自明視された主権性に対

する挑戦だと言えるでしょう。

　今では，それを通して，主権国家と国境を前提として成立してきた難民条約，または難民概念を再定義するという思い切った営為が必要とされているのかもしれません。歓待とは，国境との問いではなく国境を横断する問いであり，またそれゆえに，その内側にいる「私たち」自身の存在を構成している問いなのです。

考えてみよう！

　パスポートがない場合，「私」は自分が難民であることを，どのようにして証明するのでしょうか。あるいは，難民審査をする側は，どのようにして身元を特定するのでしょうか？

さらに興味がある人へ

　文献として，市野川容孝・小森陽一（2007）『難民』岩波書店

　映画『イン・ディス・ワールド』（マイケル・ウィンターボトム監督，2002年）を観て，難民が国境にたどり着くまでの過程に目を向けてみよう。映画の中で，難民がどのようなやり方で移動しているのかをよく考察してみてください。

　日本を含む世界各国の難民の受け入れ数や，難民の地理的分布については，UNHCR のホームページ（日本語：http://www.unhcr.or.jp/html/index.html，英語：http://www.unhcr.org/cgi-bin/texis/vtx/home）を参照してみてください。

【参考文献】

朝日新聞2003年7月11日「移民ブローカー（クルドの肖像　アハマドとその家族・第2部・2）」

朝日新聞2005年1月19日「トルコ国籍のクルド人親子を強制送還　法務省」

鵜飼哲（2002）「難民問題の現在」『現代思想』30-13，48-59頁

クルド人難民を支援する会（2005）『難民を追いつめる国——クルド難民座り込みが訴えたもの』緑風出版

国連難民高等弁務官事務所（UNHCR）「難民の地位に関する1951年の条約」http://www.unhcr.or.jp/protect/treaty/1951_joyaku.html

デリダ，ジャック／廣瀬浩司訳（1999）『歓待について——パリのゼミナールの記録』産業図書

4章 観光とホスピタリティ

神田孝治

1 はじめに

　ホスピタリティについて考える際に重要な現象として観光があります。観光は資本主義社会における象徴的な移動現象であり、観光客が来訪者として各地を訪れるからです。そして、この結果生じる観光客（＝ゲスト）と彼／彼女らを迎え入れる側の人々（＝ホスト）の「出会い」のあり方として、ホスピタリティが問題になるのです。特に現代の資本主義社会においては、ホスピタリティ産業と呼ばれる宿泊業や旅行関連産業ばかりでなく、国や地域の振興を図るために多くの行政主体も観光客の歓待を掲げています。現代の「ホスピタリティ化する社会」は、とりわけこの観光との関係において進展しているといえるでしょう。
　こうしたホスピタリティと観光の関係を理解するために、いくつか考えるべきことがあります。観光客はどのような歓待を観光先に望むのか、その歓待は誰がどのように提供するのか、そしてそうした歓待はそもそもいかなる状況のもとで成立するのか、といった点についてです。本章では、このような問題について考察します。
　なかでも本章で注目するのが、観光客と受け入れ側の権力関係です。観光においては、観光客の方が受け入れ側よりも強い立場になりがちです。これは観光客が直接的に顧客としてお金を払うホスピタリティ産業においてはもちろんのこと、受け入れ地域との関係においても指摘することができます。歴史的にみれば、観光客の中心は西洋人の男性であり、受け入れ側はしばしばアジア圏を中心とする「第三世界」でありとりわけ女性が歓待する役割を担ってきました。こうした関係は観光地のイメージについても指摘することができます。たとえばエドワード・サイードは、西洋と東洋というイメージ上の地理的区分が、まなざして支配する主体としての西洋、観られ従属する他者としての東洋などのように、権力の道具として二項対立的に生み出されたことを指摘し、東洋のような他所のイメージに、西洋人観光客の欲望やファンタジーが投影されたことを論じていま

す。観光におけるホスピタリティとは，このような不平等な力関係の下でしばしば展開されてきたのです。

そこで本章では，特に観光地のイメージにみられる文化的な権力の問題に注目しながら，観光とホスピタリティの関係性について検討してみたいと思います。事例としては，日本の中で人気の観光地である沖縄を取り上げます。沖縄の観光は，まさに様々な力関係のなかで展開されてきたからです。

2 観光黎明期における沖縄イメージとホスピタリティ

1429年に成立した琉球王国は，1879年に日本の領土に組み込まれて沖縄県になりました。沖縄県の経済は，第二次世界大戦以前には有毒物質を含む野生の蘇鉄で餓えをしのぐ「蘇鉄地獄」と呼ばれる窮乏状態にありました。そのため秋守常太郎は1930年の紀行文で，「四方八方私共の眼に映じたものは単に貧乏と殺風景との外殆んど何物もなかつたのである」と記し，沖縄は観光に不向きであると論じています。また彼はこの貧乏の背景には，その亜熱帯の悪環境を指摘していました。その暑さが人々を怠惰にするというのです。このような考え方を環境決定論と言いますが，当時はこうした観念が広く信じられていたのです。そのため沖縄は亜熱帯という悪い環境にあり，観光に行くような場所ではないとみなされたのです。

しかしながら，この亜熱帯の南国イメージは魅力的なものでもありました。たとえば日本における二大海運会社の1つであった大阪商船が1939年に発行した観光パンフレット『沖縄へ』では，以下のような記述がなされています。

> 蘇鉄の山，榕樹の巨木，バナナの林，パパイヤ，マングローブ，熱帯果実の色――これを背景として琉球焼を作る男，蛇皮線をひくアンガーたち，昔ながらの質朴敦厚な人情，珍しい方言など，訪れる者をして一種のエキゾチシズムをさへ覚えさせます。沖縄はまさにただ一つ残されたわが国の「観光處女地」であります。

大阪商船は，1937年に2隻の新造船を大阪那覇線に就航させると，「沖縄視察団」と称する団体旅行を企画するなど，沖縄観光に力を注いでいました。そしてこの沖縄観光黎明期において，南国の植物や文化を紹介して「エキゾチシズム」を喚起することで観光客誘致を図っていたのです。すなわち当時の日本本土の人々は，戦前期の沖縄に対して，問題含みの低位の他所と，魅力的な他所という，両義的なイメージを持っていたのです。そして大阪商船の宣伝などにより，

次第に後者が強調されるようになり、観光客を惹きつけはじめていたのです。

こうしたなかで、当時、観光客の大部分を占めていた日本本土の男性にとっての沖縄の魅力は、そこが女性によって男性が歓待される「女護ヶ島」だとされていたことがありました。この発端は、探検家の笹森儀助が、沖縄県の最西端にある与那国島について、「此島の婦人色白く、且つ懇切多情なり、美人の心中に副ふ者あれば、只一個値三四銭の物を与ふれば、滞在中其人に常侍し、酌を取つて終夜歓待す……」と、1893年発行の著書において記したことがありました。本山桂川は1925年発行の著書で、「与那国島は『女の国』である。昔から南の果てのこの島を『女護ヶ島』と名付づけて、見ぬ恋にあこがれさせたのも無理はない」とし、その理由としてこの笹森による記述を取り上げています。

このようにして女性による歓待の幻想を喚起した与那国島でしたが、実際には未発達な交通機関がために、容易に観光客が訪れることができる地ではありませんでした。また、本山の著書においても、こうした歓待はすでに過去の伝説であり消滅していることが指摘されていました。そこでこの幻想は、日本本土からの男性観光客が比較的容易に到達できる那覇市の辻遊廓に投影されるようになりました。たとえば、1934年に綴られた大野夢風の紀行文では、「さて、琉球へ来て辻の話をせぬと云ふ事は、奥歯に物のはさまつた様なものであらうと思ふ…辻と申せば、内地で云ふ遊里であらう。大体に於て、貸座敷、待合、料理屋等を、混同したやうなもので、尾類子と称する妓達が、約三千人から居ると云ふのを聞いても、この一廓が女護ヶ島であることが分かる」と、辻遊廓が観光客に注目されている状況と、そこが女護ヶ島と位置づけられることを記しています。

この辻遊廓の成立は古く、琉球王国の時代の1672年に設立されています。貿易港であった那覇には、中国からやってくる冊封使やその随行者を相手にする遊女屋敷が古くから沢山あったとされます。そして1609年に薩摩藩の支配下におかれてから、社会秩序が混乱するなかで活発化した遊女の活動を取り締まるために辻遊廓が設置されたのです。この遊廓で遊んでいたのは、那覇や首里の人々と共に、先の冊封史の一行や、薩摩から派遣された在番奉行や役人でした。まさにここは権力を持った男性来訪者に対する女性による歓待の場所だったのであり、その客として新たに観光客が加わるようになったのです。

こうした女性に対する男性観光客のまなざしは、1937年に発行された佐藤惣之助の紀行文にはっきりと見て取ることが出来ます。彼は、昭和初期の沖縄旅行に際して、那覇に上陸してまず亜熱帯の風景に注目すると同時に「半裸形」の女性に目を奪われ、その後、遊廓で働く女性である尾類（じゅり）を「動物のやうに歩いてゐます」と表現するなど、彼女達を亜熱帯の悪環境で生活する野卑な住民

とみなしていました。そして，「誘はれるままに娼館や尾類の家に逗留するやうになります。茶屋御殿（料亭）の婦たちは漂客を伴つて自家へかへり幾日でも滞在させてくれますし，親兄弟もこの内地人を歓迎して尊い婿のやうに扱つてくれるので，つい旅行者は假の妻をもち，假に琉球娘の家に入婿したやうな気になるのです」と，辻遊廓などの現地の女性に歓待される観光客の姿を描き出します。男性観光客のエロティシズムの欲望が投影された沖縄は，低位の他所の野卑なイメージと亜熱帯の楽園的なイメージが混淆するなかで，上位に立つ彼らが女性に歓待される魅力的な場所と位置づけられたのです。

3 沖縄観光と文化をめぐる対立

　1940年頃になると，沖縄への紀行文で，琉球舞踊や壺屋の焼き物といった文化に注目したものがしばしば見られるようになります。これは，日本民芸協会の創設者である柳宗悦が1938年末に沖縄を訪れたことに端を発しています。彼は，「私達のやうに伝統的な工芸品を求めて各地を歩いてゐる者には，琉球の存在は誠に奇跡のやうなもの」であると述べています。そして，「此の土地程色々な工芸品が純粋な状態でよく保持されてゐる所は他にないことが分かつた」とし，「内地では古い日本が幾多の変化を受けて，旧の状態を失つて了つた場合が多いが，琉球にはそれがもつと純粋な姿で残されてゐるのである。云はば純日本的なものの量や質が，此の孤島にどこよりも多く保存されてゐる事がわかる」と，沖縄に残された「純日本的なもの」への強い関心を示したのです。

　彼にとっての沖縄の日本的なものとは，本土の近代的な日本とは異なる，周辺に残された真正な日本でした。それは，貧困や悪環境の亜熱帯，さらには南国楽園としての沖縄イメージと同じく，あくまで本土の日本にとっての他所として考えられたものでした。「観光客のまなざし」について考察したジョン・アーリは，観光客が非日常的なものを求めることを指摘しています。すなわち柳の沖縄文化に対するまなざしは，観光客によるものとそうした点では同様のものだったのです。彼は1939年3月末から2ヵ月間，総勢9名の日本民芸協会会員による沖縄団体旅行を実施し，その成果を，雑誌メディアによる琉球工芸の紹介，琉球新作工芸展覧会や日本民芸館における琉球展の開催といった，日本民芸協会の活動によって日本本土の人々に伝えました。すると，「知識階級のものの家族同伴で日曜には壺屋に遊ぶ者が激増した」のであり，柳たちの沖縄へのまなざしを学習した人々が，文化や芸術に惹かれ沖縄に訪れる観光客になっていったのです。

　その後，日本民芸協会は，日本本土の人々に「沖縄の意義を紹介したい意図」

をもって，1939年末から約2週間にわたる第2回の沖縄団体旅行を主催しました。メンバーは，柳をはじめとする9人の民芸協会同人，販売事務関係者2名，写真家3名，映画関係者2名，そして国際観光局の水澤澄夫と日本旅行協会の井上昇三という観光事業関係者2名を含む計26名によって構成されていました。

　この沖縄訪問期間中，沖縄観光協会と郷土協会の主催で「沖縄観光と文化を語る座談会」が開催されました。そこには柳ら旅行団の主要メンバーと，沖縄側として沖縄県警察部長や琉球新報社長などが参加しており，柳の「観光の立場からもつて積極的の活動をして，この素晴らしい土地を世界的のものとしたい」という挨拶の後で座談会が開始されました。まず国際観光局の水澤が，ホテル建設などの観光開発，伝統的な建築や景勝地の保存，景勝地への見苦しい構築物設置の禁止を訴え，続けて「標準語の普及運動は結構だが，少しゆきすぎてはゐないか」と発言しました。それに対して沖縄県警察部長が「観光客が一時的の興味から方言をよろこび，それを保存しろなどと云はれては困る」と反論したことから，柳を含めて議論が紛糾します。観光振興のための座談会において，外部からの観光客のまなざしに対して地元側が反発したのです。

　この問題には特に標準語運動を積極的に推進していた沖縄県学務部が敏感に反応しました。その社会教育主事は「彼等は余りにも県をその好奇心の対象にしてしまつてゐる。……もつとひどいのになると観賞用植物若くは愛玩用動物位にしか思つてゐないものもある。かかる人々に限つて常に沖縄礼賛を無暗に放送しては"またか"と思はせられるのである」(『沖縄朝日新聞』1940年1月10日)と柳らを非難しています。外からの観光客のまなざしは，その権力関係の下で，沖縄を下位に位置づけていると捉えられたのです。

　また先の座談会において論争となったものとしては，沖縄の亀甲墓に関するものもありました。日本旅行協会の井上は，「墓の美に驚嘆し，それを破壊せんとする意見の多いことに反対」しましたが，沖縄県警察部長は「あれに莫大な費用をかける風習を打破しなければならないし，衛生上からも改善の必要がある」と反論しました。外客として差異化された美を重視する観光業者の井上と，本土日本との同一化を目指す沖縄県側の間で，沖縄の墓に対する見方も対立していたのです。この亀甲墓は，紀行文において頻繁に言及され，沖縄の中でも特に観光客の注目を集めていたものでした。しかしながら，沖縄在住の彫刻家である山田眞山は1938年に，「那覇市が近代都市の相貌を備へる為には，先づ今の墓地をどうにか整理しなければならないと誰も気が附くに違いない。……殊に観光地としての沖縄或は那覇市を考へる場合，現在至るところで眼につく，あの非芸術的な，そして自然の風致を害する墓地は，どうしてもとりのけて了ひたい」と述べてい

ます。観光客と受け入れ側である沖縄県住民の間では，観光の魅力として考える対象もそのあり方も，全くすれ違ってしまうという状況が生じていたのです。

このように沖縄の観光は，様々な局面で沖縄在住民のアイデンティティと関わる問題に直面していました。先の井上は1940年に，「沖縄を琉球と云はぬ様，沖縄県を物珍らしく取扱はぬ様，特異の風俗・言語を他府県と比較したりその差を強調したりしない様等の注意を拂ふ必要を感じたのである。他府県の者として沖縄を旅しての印象を正直に記したり，まだ沖縄を知らぬ人々に出来るだけ沖縄に興味を抱かせる様に紹介しようとしたら，恐らく其の筆者は沖縄県民の多大の激怒を買ふに至るのであらうといふ不安があつたのである」と記しています。観光客にとって魅力的な差異の場所としての沖縄のイメージは，配慮なくそれを表明すれば現地住民に歓待されずに反発されるようなものだったのです。

4　観光をめぐる社会的状況の変化と現地住民の反応

1945年にアメリカ軍に占領された沖縄は軍政下におかれました。さらに，1950年に勃発した朝鮮戦争以後，沖縄は本格的な軍備が進められ，東洋最大の軍事基地となりました。

この軍政下初期における沖縄観光の特徴について，沖縄観光協会が1954年に発行した観光案内の序文で以下のように記しています。

> 今回の世界戦で日本の前哨地となり，最後の終止符をうつた島だけに，戦災も多かつたが人命も多く失つた思出の島，傷心の島である。こんな小さな島で敵味方二十万の陸海軍が入り乱れて戦闘したかと今更おどろくの外ない。
> 戦前優れた文化を有していた沖縄はどうしたでしょう。
> 戦争であの文化財はどうなつたでしょう。
> 戦争で平和な，うるわしい人情の持主住民はどうなつた事でしょう。
> と誰でも憧れを持ち，一度行つて見たいと願わない者はない。

ここで言及されている戦跡巡礼者は，主に沖縄戦で死亡した本土出身兵遺族たちであり，最後の戦場になった本島南部の摩文仁の丘にある納骨堂や慰霊塔を参拝しました。そしてこうした状況の変化の中で，戦中期に柳たちによって賞讃された沖縄の文化が，他者化の要素として問題含みのものとなるのではなく，過去のものとして審美化・客体化されて再評価されたのであり，観光も次第に沖縄在住民にとって反発する対象ではなくなっていったのです。

その後，1960年頃からはショッピング観光も盛んになり，沖縄観光が活発化していきました。さらに米軍が創設した海水浴場の存在や，沖縄からの移民も多いハワイとの関係もあり，沖縄を南国の海浜リゾートにしようとする動きが生じます。こうした観光地化は，1972年の沖縄県の日本本土復帰を記念して1975年に開催された沖縄国際海洋博覧会で大規模に実現されていきます。この博覧会とそれにともなう観光開発は，基地経済からの脱却を目指す沖縄において，復帰後の重要産業として注目を集めました。この博覧会を中心とする観光振興やそこで強調された南国的な他性を喚起するイメージは，戦前・戦中期には沖縄県側の人々から必ずしも快く思われていないものでした。しかしながら，本土復帰時になると，そうしたものが変化していたことが，沖縄在住民の渡久地政夫の指摘に認められます。

> 沖縄の観光は，「構造的」伸びるように出来ているのである。沖縄は日本全体からみると，北海道とともにたった一ヶ所残された「意外性に富んだ非日常的」なところだからである。
> 　第一に日本では考えられない暖かさ，海の青さ，空の美しさ。そこに住む人々の暖かい心。異国的な風物。歴史，伝統と文化。これらは，日本全国どこへ行ってもみられない。極端にいうと日本のなかの異国であるのだ。
> ……〈中略〉……
> 私たちは，沖縄的なものをもっともっと伸ばし，これでもかこれでもかと沖縄を前面に押し出すべきではあるまいか。かつては沖縄は本土にたいし劣等感をもっていたが，いまや「沖縄的なこと」は本土にたいする優位性を持つことになってきたのである。

　このように復帰以降は，日本のなかの「異国である」こと，「沖縄的なこと」は，「劣等感」でなく，「本土にたいする優位性」と位置づけられるようにもなったのです。沖縄在住の人々は，米軍統治時代を経験するなかで，日本本土と差異化された沖縄のイメージを，自らの地域の特徴，独自のアイデンティティとして次第に受容していきました。こうした状況において，観光が注目され，観光客が歓待されるようになっていったのです。

5　おわりに

　この章では沖縄をとりあげて，観光客がどのような歓待を現地に求めていたのか，そして観光客のまなざしに沖縄在住民がどのように反応したのかについて，

文化的な権力の問題に注目しながら歴史的に概観しました。観光とは，近現代社会を象徴する複雑な社会現象であり，ホスピタリティが深く関係します。本章で論じたように，観光を通じて，いかなる歓待がどのように生み出されるのか，といった点を検討することは，近現代におけるホスピタリティを，とりわけ現代におけるそれを考えるために重要です。またそこから我々が生きる社会のあり方そのものについての理解が深まるのです。

「考えてみよう！」

観光とホスピタリティの関係性について，対象，主体，形式，限定条件，そしてそれが成立する社会的状況などに注目し，皆さんが知っている具体的な事例を取り上げて考えてみてください。

「さらに興味がある人へ」

観光はホスピタリティと密接に結びついた現象であるため，関係する書籍は多数存在します。なかでも観光人類学は，観光現象におけるホストとゲストの関係をしばしば検討の対象としており，観光とホスピタリティについて考えるための重要な視点を提供しています。有名なものとしてはバレーン・スミス編（1991）『観光・リゾート開発の人類学』（三村浩史訳，勁草書房）があります。また神田孝治（2012）『観光空間の生産と地理的想像力』（ナカニシヤ出版）では，本章で言及した沖縄も含め，特に観光地のイメージに注目してホスピタリティの状況についても検討していますので，あわせて参考にしてください。

【参考文献】

秋守常太郎（1930）『旅行叢書第四　沖縄土産』秋守常太郎
アーリ，ジョン／加太宏邦訳（1995）『観光のまなざし――現代社会におけるレジャーと旅行』法政大学出版局
井上昇三（1940）「観光地としての沖縄」『月刊民芸』2（3）号
大野夢風（1934）「琉球遊記」『海』39号
月刊民芸編集部（田中俊雄）（1939）「民芸協会の琉球行はどんな影響をのこしたか」『月刊民芸』1（8）号
サイード，エドワード／今沢紀子訳（1986）『オリエンタリズム』平凡社
笹森儀助編（1894）『南島探験』笹森儀助
佐藤惣之助（1937）『旅窓読本』学芸社
本山桂川（1925）『南島情趣』聚英閣
柳宗悦（1939）「なぜ沖縄に同人一同で出かけるか」『月刊民芸』1（1）号
山田眞山（1938）「観光沖縄の公営墳墓」『月刊琉球』2（4）号
与那国善三編（1954）『新沖縄案内』沖縄観光協会
渡久地政夫（1979）「バカンス時代の到来」『青い海』84号

5章 敗戦後の日本における外国人兵士の「歓待」

吉田容子

1 はじめに

　本章では，第二次世界大戦で敗北した日本への連合国軍の進駐やその後の朝鮮戦争勃発による国連軍の駐留を契機につくられた，外国人兵士を「歓待」する慰安施設や遊興街，また，実際に「もてなし」を行った女性たちについて取り上げます。そして，「歓待」のために設けられた制度や仕組みについて，誰がそれらを構築したのか考えていきたいと思います。

　この章で取り上げる外国人兵士への「歓待」を，現在しばしば用いられる「心のこもったもてなし」という意味でのホスピタリティとして単純に理解することは適切ではありません。なぜならこの「歓待」は，国家や地方行政という言わば権力によって集められ／管理された女性たちによるものであったことを，筆者は問題視しているからです。当時の日本はいまだ敗戦の混乱の最中にあって，困窮者への経済的救済もままならない状態でした。生活に窮乏した人たち，そのなかでも特に女性が，生活の糧を得るためのぎりぎりの選択肢として，外国人兵士を「歓待」する仕事に就いたのです。この背景には，次のようなことがありました。敗戦直後の日本に連合国軍兵士が進駐することになったとき，日本政府や国民が抱いた大きな不安は，女性や子どもが犯されるということでした。ですから，いかにして婦女子の純潔を守るかが，日本の緊急課題となったのです。そこで，当時の警察や地方行政などを統括した内務省は，日本に駐留する外国人兵士向けの慰安施設を設けるよう，各府県に働きかけました。このような経緯から開設された慰安施設で働いた女性たちは，外国人兵士の性的暴行から「一般」の婦女子を守る「防波堤」として，兵士の性の相手となる役目を負ったのです。

　本章では，権力を持った主体にホスピタリティの道具として利用された女性たちによるもてなしを，カギ括弧付きの「歓待」と表現します。敗戦後の一時期において，慰安施設や遊興街で一部の日本女性たちが行った外国人兵士への「歓待」について考える際，戦勝国と敗戦国との権力関係のみならず，国家や地方行

政といった日本側の権力と「防波堤」の役目を担わざるをえなかった女性たちとの関係性，また，「歓待」の制度・仕組みを構築した主体や構築の背景・プロセスにも，十分留意する必要があるでしょう。そこで本章では，敗戦直後に東京都内を中心につくられた「歓待」のための施設と，長崎県佐世保市内につくられた「歓待」のための遊興街を取り上げ，具体的に考察していきます。

2　外国人兵士を「歓待」するさまざまな制度や仕組み

(1)「歓待」の役目を負った女性たち

　第二次世界大戦の終結から間もない1945年8月18日，内務省警保局長から「外国軍駐屯地に於る慰安施設について」と題した通達が，全国の警察署長に宛てて無線電信されました。この通達の内容は，連合国軍進駐兵士の性の相手をする日本女性を集めて慰安施設をつくるよう，働きかけたものでした。また，敗戦直後に発足した東久邇宮内閣の8月21日の閣議では，当時の国務大臣が，これから日本に進駐してくるおびただしい数の外国人兵士から日本女性を守る必要性を説いたといいます。こうした政府の意向を受け，連合国軍進駐兵士向けの性的慰安施設が国内の各地に設置されていきました。特に規模の大きなものとして，当時の日本勧業銀行からの事業融資資金により，1945年8月26日に特殊慰安施設協会（Recreation and Amusement Association，以下RAA協会）が設立され，28日には皇居前広場で当協会の宣誓式が執り行われました。宣誓式では，「全日本女性の純潔を守るため滅私奉公の決意」で取り組まれる事業であることが掲げられました。RAA協会のもと，関東地区に進駐する兵士向けの性的慰安施設が東京都内の15ヵ所をはじめ，神奈川県内や静岡県内にも設置されていったのです。この協会の施設にはキャバレー，ダンスホール，ビアホールなどもあり，性的慰安施設を併設していたものも存在したようです。

　外国人兵士から「一般」の婦女子を守るという国家事業の急務に際し，RAA協会は8月下旬以降，慰安施設で兵士を「歓待」する女性の募集を，市中に看板を立てたり新聞に求人広告を出したりして継続的に行っていきました。例えば，東京の銀座には「新日本女性に告ぐ。戦後処理の国家的緊急施設の一端として進駐軍慰安の大事業に参加する新日本人女性の率先協力を求む」とした大看板が立てられました。その結果，第一回目の募集に1300名余りの女性が応募したとのことです。また当時の「神奈川新聞」（1946年2月24日）には，「社交界のスター・教養ある麗しいダンサー希望者を求む　女性最高の収入　経験の有無不問」とした求人広告がRAA協会の名前で掲載されています。当初は，国家が認めた公娼

制度のもとで娼妓であった女性や芸妓，酌婦，女給など，いわゆる接客婦の経験のある女性を充てる予定でした。しかし，進駐する兵士の数が予想以上に多くて，彼らの相手をする女性の数が圧倒的に不足したため，それまで接客婦として働いた経験の全くない女性にまで，範囲を広げて募集する必要が出てきました。「女性最高の収入」に期待して応募した女性たちの中には，国家や大手銀行が後ろ楯となった仕事だと安心して面接を受けに来たものの，その内容を説明されると途端に怖くなって，途中で逃げ帰る人が相当数いたようです。それでも，日々の生活に窮乏して，たとえ性的慰安という過酷な仕事でも受け入れざるをえなかった女性たちが，実際に多く存在したのです。先にも書いたように，RAA協会の事業は性的慰安施設だけでなく，キャバレー，ダンスホール，ビアホールなどもあったので，働く女性たち全員が進駐兵士の性の相手をしたわけではありません。とはいえ，ダンサー，ウエイトレス，事務員の女性まで，週1回の検診を義務づけられていたといいます。検診というのは性病検査のことで，兵士への感染／蔓延を恐れて取られた措置でした。性的慰安に従事しない女性たちにも，不慮にして兵士と接触する機会があると想定されていたのです。

他方，日本に進駐したマッカーサー率いる連合国軍の総司令部（GHQ）は1946年1月21日，公娼制度廃止に関する覚書を発令します。これは，従来の日本における公娼制度が民主主義の理念と個人の自由に反するとして，女性への売春の強要を禁じたものです。この覚書によって公娼制度は廃止されることになりましたが，同時に私娼を黙認し，増加させることになったのです。なぜなら，GHQが覚書を発令する前の1月12日，内務省保安部長から「公娼制度廃止に関する件」として「公娼制度の廃止は必然の趨勢なるを以て今般……（中略）……廃業者に付ては私娼として稼業継続を認め公娼制度を廃止」することを，各警察署に通達として送っていたのです。また，内務省警保局から同年8月に出された「公娼制度の廃止に関する指導取締について」では，1月に出されたGHQの覚書の趣旨は，女性を奴隷扱いすることを禁じている点にあって強制的な売春は認められないが，生活の糧を得るため個人が自発的に行うことを禁止するものではないとして，各警察署に伝えています。日本政府によるこうした解釈があったなか，RAA協会は，兵士の性病政策や公娼制度廃止への対応の結果として，1949年5月に解散し別組織に改組されます。しかし，女性の「自発的な」売春行為の容認は，1958年の売春防止法の施行まで事実上続きました。

RAA協会が設置に関わった特殊慰安施設とは，敗戦後もなお国家に動員されるかたちで，生活に窮乏する女性たちが身を挺して外国人兵士を「歓待」したところだったのです。

(2)「歓待」の制度や仕組み

　敗戦後の日本では，地方行政によっても外国人兵士「歓待」の仕組みがつくられ，遊興街が出現しました。一例として，長崎県佐世保市を取り上げます。

　佐世保市は，明治時代前半から第二次世界大戦集結までの間，日本海軍の主要軍港の一つとして重要な役割を果たしてきました。しかし敗戦直後の1945年9月，アメリカ合衆国軍を中心とする連合国軍兵士約5万人が佐世保港に上陸してきました。連合国軍の駐留を目前に控えた佐世保市では，8月後半の時点で，すでに遊興街の開設が進められていました。この遊興街とは，当時「特殊喫茶店街」とよばれたものです。1945年6月末の佐世保大空襲で市内の中心部は大きな被害を受けたのですが，かろうじて焼け残った山県町を候補地として，そこの住民や商店を短期間のうちに強制退去させ，駐留兵を「歓待」するための街がつくられました。特殊喫茶店街の設置には，駐留兵の性的暴行から女性や子どもを守る「防波堤」の役割を期待した，当時の佐世保市警察署長の強い働きかけがありました。実際に150軒ほどの特殊喫茶店が用意され，空襲前まで市内にあった勝富遊郭と花園遊郭の業者や娼妓がよび集められました。この背景に，先の内務省通達があったことは言うまでもありません。ところが連合国軍は，山県町の特殊喫茶店街を「性病（VD）地区」とし，街の入り口に立入り禁止を意味する「オフ・リミッツ（off-limits）」の看板を立てて，駐留兵の利用を許可しませんでした。結局この特殊喫茶店街は，港湾労働者や船員が利用する日本人向けの売春街としてその後の営業を行わざるをえませんでした。

　1950年6月，朝鮮半島を南鮮軍（現在の大韓民国）と北鮮軍（現在の朝鮮民主主義人民共和国）とで二分する朝鮮戦争が始まり，アメリカ合衆国を中心とする国連軍は南鮮軍の支援を決めます。戦争勃発の翌7月初旬，地理的に大韓民国の釜山に近い佐世保港は後方支援基地となり，大量の軍需物資と国連軍兵士が佐世保市内に集められるようになりました。『佐世保市政七十年史（上巻）』によれば，国連軍の応援で南鮮軍が優勢になると，「彼等（国連軍兵士：筆者註）の出征は気楽で，戦場へみやげ物を持って行く有様であった。このため全市の時計店，貴金属店などの，時計，カメラ，双眼鏡等々は羽が生えて飛ぶように売れ，その売れ行きは，当の業者自体が驚きの眼を見張った程」で，これに乗じて「キャバレー，バー，レストランといったにわか造りの店舗と，将兵に対するみやげ品店が次々に数を増し」，市内は戦争の特需景気に沸き上がりました。

　「戦時手当でポケットをふくらませた米兵相手のバア（ママ）が，派手な化粧の女たちを集めた。ハウスと呼ばれる米兵相手の売春宿がふえた」（『佐世保地区労働運動史』）とあるように，特需景気のなか国連軍兵士の相手をすると，女性た

ちの「よい稼ぎ」になりました。ピーク時には1万5～6千人の兵士の駐留があった佐世保市には，九州各地をはじめ東京や北海道などの遠方からも女性たちが集まり，その数は常時3～4千人，非公式な記録では8千人ともいわれています。彼女たちは，当時許可制で営業を行うことができた「席貸」とよばれる娼家（外国人相手の席貸は「ハウス」ともよばれた）に身を置いていました。1950年11月の時点で，ハウス業者は市内に500～600軒ほどにまで増えていたようです。国連軍兵士やそれ以前から駐留する連合国軍兵士の相手をするハウス女性の急増を目の当たりにした佐世保市保健所は，保健所や指定病院での毎週の検診を義務づけ，性病に罹っていなければ「健康パス」を交付する制度を始めました。

　行政や警察が，外国人兵士と女性との買売春を佐世保市から全面的に取り締まる対策を講じなかったのか，疑問に思う人がいるでしょう。その理由は，「兵士と女を考えるとき，街娼婦の居ることが，一般の女性の身替りと思えば，むしろ感謝に価する女たちであろう」と考える市民や，「パンパンが稼ぐドルは，私の計算では一億円はある。この金が経済法則に従って，廻り廻って佐世保市民のためになるのである」と考える，とりわけ特需景気で利益を得ている地元業者が多数いた（『佐世保地区労働運動史』）ことにあります。つまり，外国人兵士の性の相手をする女性たちが「一般」女性の「防波堤」となっていることに加え，佐世保市の経済にとって，兵士にドルを落とさせる女性の存在が欠かせないことが，買売春の取り締まりを緩いものにしていたのです。こうした状況を危惧した九州地方の統括担当を担う連合国軍上官から朝鮮戦争特需の最中にあった1950年11月末，「佐世保における夜の女の跳梁は目に余るものがある，日本側の取締りは手緩い，早急に取締り条例を制定すべきだ」との勧告を受けます。さらに，佐世保地区司令官からは，連合国軍兵士に対する無期限の佐世保全市外出禁止令が発令されます。外出禁止令の長期化によって当市の経済が大きな打撃を受けることを憂慮した市行政は，1950年12月8日から「風紀取締条例」を発効させ，街頭など公共の場所での健全な風紀の維持を徹底化させようとしました。これを受け，連合国軍側は急遽外出禁止令を解除しました。しかしながら，連合国軍にとってもっと重大な問題，すなわち，兵士の間での性病の蔓延については，当時の市長の談話にあるように，「相当努力を覚悟せねばならぬ」課題であったのです。

　風紀の乱れや性病の蔓延を理由に外出禁止令が今後も発令されかねないと心配したハウス業者たちは，「白百合会席貸業連合会（以下，白百合会）」という名の組合を発足させ，外国人兵士相手の女性の定期検診を徹底するよう努めます。この会所属のハウス業者に雇用される女性は「特殊婦人」とよばれ，保健所が人数を把握していました。常時1200～1300人ほどの特殊婦人が働いていたようです。

白百合会の会長や特殊婦人は，佐世保市，警察署，公安委員，保健所，駐留米軍が一堂に会して性病予防や蔓延防止の対策を検討する会合に度々参加し，組合としての協力を申し出ています。その協力の一環として，佐世保市の地方紙『時事新聞』(1952年5月29日) に，以下のような「声明」が掲載されました。

　「現在の佐世保は特需の町，或は海軍基地としての名よりも，所謂パンパンの町，性病の町として日本國内は勿論遠くワシントン迄其の名は高い。佐世保の名誉の爲や日本の名誉の爲何とかせねばならない問題である。然し征野に赴く兵と女の問題は人間の弱さが求める必然的な欲望である丈にこれを一掃することは到底望み得ることではない。であれば如何にしてこれを最も弊害の少ない存在に持つて行くかが當局が從來執つて來られた方針であり本會亦其線に添うべく自主的團體として實踐して來た所でもあります，……(中略)……性病の撲滅と之が温床となつている闇營業の一掃運動を實際行動に移し従來の汚名を一掃せんが爲……(中略)……本會會員と類似の營業を爲される方との猛反省を促すと共に良識ある市民の皆様方の支持と御協力をお願いしてやまないものであります。」

　この声明からわかるよう，白百合会傘下にあるハウス業者の正当性と，当会に所属しない「ヤミ」業者の不正な行為とが対照化され，後者を性病の元凶と特定しています。とはいえ，白百合会所属のハウス業者も「特殊婦人」に外国人兵士の性の相手をさせていたことは事実です。"オンリー"でない女をかかえているところを"ハウス"といって，その組合に「白百合会」というやさしい名がついている」(『佐世保地区労働運動史』，オンリーとは特定の外国人兵士と恋愛関係で結ばれた女性を指す) とする，白百合会への批難もありました。

　1952年の夏頃から，性病撲滅のためハウス業者への取り締まりがいっそう強化され，その結果，悪質業者への営業停止命令が佐世保市警察から頻繁に出されるようになると，ハウス業者以外のキャバレー業者などが立ち上げた「佐世保社交事業協会」は7月19日の『時事新聞』に，風紀，食品および環境衛生の改善をめざした5項目の申し合わせを発表しました。そこには，業者の責任でダンサーやホステス，ウエートレスの週1回の健康診断を徹底化させることも盛り込まれました。さらに7月23日には，市内のバーを中心とする144業者によって「A級社交場組合」が結成されました。「A級」というのは，日本の食品衛生法に適った飲食店に交付された標示で，連合国軍の進駐当初に，こうした店への兵士の立ち入りが許可されていたことに由来します。この組合も，女性従業員の週1回の健康診断の徹底化などを取り決め，違反業者への組合除名などを申し合わせ項目に掲げました。このように，外国人兵士相手の業者がそれぞれ組合を結成して風紀や衛生面での自主的規制を行うようになったものの，白百合会傘下のハウスや

A級社交場組合所属のバーなどへの警察や保健所からの休業勧告は，後を絶ちませんでした。1953年5月下旬，依然として性病の問題が解決しないことや，米兵相手の市内業者の料金が高いことを理由に，国連軍兵士の外出禁止令が出されました。これに対し，白百合会やA級社交場組合を中心にハウス，キャバレー，バー，旅館，土産物店，タクシーなどのおよそ700業者が「国連軍将兵協力会」を立ち上げ，サービス，風紀，価格等で適正な対応を行うよう，当協力会や市行政が責任を持つことになりました。また警察署では，風紀の乱れや性病蔓延への取り締まり強化策として，特定の外国人兵士と恋愛関係で結ばれたオンリーに認証書を発行し，不特定多数の兵士を相手にする女性たちと区別する制度を設けました。1953年夏頃には250名の登録があったといいます。しかし，この認証書は外妾証明書に等しく，かえって風紀が乱れるとの批判が市民から出て，半年で廃止されました。

1953年7月下旬に朝鮮戦争の休戦協定が成立すると，戦地から帰還する国連軍兵士で佐世保市内はたいへんな賑わいをみせました。ところが1954年に入ると，兵士たちに戦争手当が付かなくなったことで，同市の戦争特需にもかげりがみえ始めます。結局，朝鮮戦争は休戦協定をもって終結することになったので，「基地経済」に大きく依存していた佐世保市は，国連軍兵士の本国帰還とともに構造的転換を迫られることになりました。

3 おわりに

本章では，敗戦後の日本で外国人兵士を「歓待」する制度や仕組みが，どのような主体によって，どのように構築されたのかを，二つの事例を紹介しながらみてきました。「歓待」の制度や仕組みが，国家や地方行政の働きかけによってつくられたことが理解されたことでしょう。当時の国家や地方行政を動かしていたのは男性でした。他方，遊興街の業者たちが全員男性であったかどうかを確かめる資料は，残念ながら手元にありませんが，佐世保市の場合，当時の白百合会会長や役員をはじめ，市内各地区の組合長として名前があがっていたのは，すべて男性です。つまり，男性がつくった「歓待」の制度や仕組みの中で，実際に兵士を「もてなし」たのは，生活に困窮していた女性たちでした。そこには，権力を行使する側／権力に管理・抑圧される側，という構図が見て取れます。

外国人兵士を「歓待」した女性たちを管理・抑圧していたのは，国家や地方行政，彼女たちを実際に雇用していた業者だけではありません。戦勝国側の意向が大きく反映されたのです。「歓待」を行う女性たちには定期的な検診を義務づけ

られていましたが，これは決して彼女たちの健康（性病罹患）を気遣ってのことではありません。軍隊の士気を鼓舞するうえで，兵士の健康は最も重要なことなのです。とくに朝鮮戦争時に後方支援基地であった佐世保市の場合，前線で活躍すべき兵士たちが病気で出兵できないなど，あってはならないことでした。しかし，そうであっても戦死を覚悟の上で出兵して行く兵士たちのために，「歓待」の施設や女性が必要だと考えられたのです。GHQによる公娼制度の廃止や各都市の遊興街で頻繁に出されたオフ・リミッツには，上述のようなジレンマが付きまとっていました。

　本章で取り上げたような，敗戦後の日本における軍隊と女性をめぐる問題は，これまで「歴史」の中でほとんど取り上げられることはありませんでした。なぜなら，「歴史」は「男性たちの物語（his-story）」として認識されてきたからです。いまこそ「歴史」に埋もれた「女性たちの物語（her-story）」を掘り起こしていく必要があります。それもまた，ホスピタリティと権力の関係を問い直すことになるでしょう。

◉考えてみよう！

　洋の東西を問わず長い歴史の中で，女性は男性を「歓待」する役目を担ってきました。なぜ女性は「歓待」せざるをえなかったのでしょうか。男女間の社会・経済的差異のみならず，ジェンダーの視点からも考えてみましょう。

◉さらに興味がある人へ

　軍事化の問題をフェミニストの立場から議論するシンシア・エンローは，戦争や軍隊に直接関わらない女性も，自分では気づかないうちに戦争や軍事化に加担してきたと指摘し，女性は被害者としても加害者としても軍事化に巻き込まれてきたことを主張しています。エンロー『策略』や敬和学園大学戦争とジェンダー表象研究会編『軍事主義とジェンダー』を参考にして，エンローの主張とはどのようなことか具体的に考えてみましょう。

参考文献

エンロー，シンシア／上野千鶴子監訳，佐藤文香訳（2009）『策略』岩波書店
敬和学園大学戦争とジェンダー表象研究会（2008）『軍事主義とジェンダー』インパクト出版
佐世保市史編さん委員会（1975）『佐世保市政七十年史（上巻）』
佐世保地区労30年史編集委員会（1987）『佐世保地区労働運動史』佐世保市佐世保地区労働組合会議

6章 東南アジア系移民女性とホスピタリティ

阿部亮吾

1 はじめに

「世界で一番日本の男に優しいのは，やはりフィリピーナ※である」

(※「フィリピン人女性」の意味)

これは，とある一冊の本のなかに書かれていた文章です。読者の皆さんはこの一文を目にしたとき，いったいどのような感想を抱くでしょうか。ある人は「そうかもね」と思うかもしれません。またある人は「まさか？ この世界には他にもっと優しい女性がいるぞ！」と主張するかもしれません。しかしこれが，日本の，とりわけフィリピンを含む東南アジアの各地で「夜遊び」する日本人男性向けに出版された『性風俗情報誌』(『夜遊びアジア㊙読本』桃園書房，2003年) だと聞けば，あなたは何を想うでしょうか。とたんにきっと，素直に受け取ることができなくなるはずです。

結論を先取りして言えば，本章で筆者が述べたいのは，産業化された「ホスピタリティ」なるものが純粋に他者への「もてなし」や，生まれついての「優しさ」を意味するのではないということです。もてなす側（サービスの提供者）が何を売り，もてなされる側（サービスの消費者）が何を欲するのか，そして両者のあいだにある関係がどうなっているのか。それらによってホスピタリティのもつ意味は大きく左右されるのです。誰が誰に対して，どのような「もてなし」を望み，また与えるのか。ホスピタリティはつねに，その背景を含め疑いの目でもって見ておかなければならないのです。

本章で取り上げるのは日本における東南アジア系女性，特にフィリピン人女性のホスピタリティです。ただしここで言うホスピタリティとは，上で述べたように，フィリピン人女性が生まれつき誰にでも優しい民族や国民だ，という意味ではありません。「ホスピタリティは創られる」と念頭におきながら読んでみてください。

2 創られるフィリピン人女性の「ホスピタリティ」

(1) フィリピン人女性と移民の「国際商品」化

　本論に入る前に，まずはフィリピンから大量の女性たちが（日本を含む）世界中へと出稼ぎ移民している現状とその背景から始めましょう。女性を移民として国際商品化することと，女性のホスピタリティを発見し，利用し，創り出すこととは密接に関係しているからです。

　本章で取り上げる東南アジアの島嶼国家フィリピンは，（新規・再雇用あわせて）毎年100万人以上も海外に労働力を送り出す人的輸出大国です。現在は世界200ヵ国以上に850万人を超えるフィリピン人が暮らし，フィリピン本国への送金だけでも年間1.5兆円以上，実に本国ＧＤＰ（国内総生産）の10％弱に達しています。しかも，出稼ぎ移民全体に占める女性の割合が非常に高く，たとえば2010年の新規雇用者34万人のうち18万人が女性移民です。

　1970年代以降のグローバル化はヒトの移動を活発にし，「移民の時代」の幕開けをもたらしました。移民の時代の特徴のひとつに「移民の女性化」があげられます。かつては単身男性労働者中心だった移民に，1970年代以降は単身女性の参入が急増したのです。そういった意味では，移民の女性化が進むフィリピンこそ移民の時代の代表者と言えるのかもしれません。

　さて，フィリピンからの出稼ぎ移民の公式記録はおよそ100年前に遡ります。しかし，今日のような規模で移民を送出するようになったのは1970年代半ば以降のこと。実はここ30〜40年の出来事に過ぎません。当時独裁政権を強いていたマルコス大統領が，国内の政情不安や上昇する失業率，対外債務の解決をもくろんで自国民を「出稼ぎ労働力」として海外に売り出す戦略をとったのです。当初対象となったのは，中東産油国の石油施設建設向けの男性労働者ですが，1980年代に入ると香港・シンガポール・台湾などのアジア先進地域，カナダやイタリアなどの欧米諸国に出稼ぐ女性移民が急増しました。当該地域で女性の社会進出が当たり前となり，代わって家事や育児を担ってくれる家政婦への需要が増したのです。それら家庭における家事労働の穴埋めを果たしたのが，フィリピンなど途上国から出稼ぎにくる家政婦たちでした。もちろん大半が女性です。

　1970年代以降，労働力輸出の国家戦略に舵を切っていたフィリピンにとって，これら先進地域へと送り出す家政婦の女性移民は，貴重な「輸出品目」のひとつになっていきました。その際，労働力の商品価値をより高めるために発見し利用されたのが，フィリピン人女性の「ホスピタリティ」だったのです。家政婦とし

てその家庭の女性に代わり家事や育児を問題なくこなすには，上手に料理や掃除ができるだけでなく，ホスト家族の誰とでも，とりわけ子どもたちに愛情を注げるような「優しい」女性が求められるからです。したがって伊藤るりが述べたように国内で人手を募集し移民に仕立て上げる民間の斡旋業者から，それを指導・管轄する政府機関の役人，はては国家全体にいたるまで，自国の女性がいかに生まれもってホスピタリティあふれる性格（民族性あるいは国民性）であるのかを，制度的・組織的に喧伝するようになったのです。ホスピタリティ豊かな女性であれこそ，商品としての経済価値が優れていることになり，移民として「売る」のに都合がいいからです。これによってホスピタリティは，まるでフィリピン人女性に「固有の何か」であるかのように，周囲も，そして何より移民女性自身のあいだでも日常的に語られるようになっていったわけです。

　そして同じ頃，家政婦以外にもうひとつの選択肢としてフィリピン人女性に注目された職業がありました。それが，日本を目指す「エンターテイナー」です。彼女たちの多くは夜のエンターテイメント産業，すなわちクラブ産業の労働力に吸収され，日本人男性客（サービスの消費者＝買い手）が差し向ける期待と欲望の眼差しに日夜応えながら，ホスピタリティあふれる異国の美女を演じつづけなければならなかったのです。

(2) クラブ産業とホスピタリティ――感情豊かで優しい女性たち？

　統計上，フィリピンから日本に渡航する女性エンターテイナーが増加しはじめたのは1980年代の初頭です。彼女たちがエンターテイナーとして合法的に来日するには，一般に「興行ビザ」とよばれる在留資格が必要でした。出入国管理統計を調べてみると，ピーク時の2004年には年間8万人超のフィリピン人が興行ビザで来日しており，もちろんその大半が女性です。

図1　クラブにおけるダンスショーの様子
（2005年8月31日）【筆者撮影】

　さて，本章の冒頭でホスピタリティはその提供者（売り手）の思惑や消費者（買い手）の期待，そして両者の関係に左右されると書きました。本節では，フィリピン人女性エンターテイナーの就労先であるクラブ産業において，消費者たる日本人男性が彼女たちにどのようなホスピタリティを求めていたのか，また提供者の彼女たちがそれにどう対応したのかを少し検討して

みたいと思います。ここでは，クラブ産業で遊ぶ日本人男性をターゲットにした「ウェブ・サイト」や「出版物」のなかから，日本人男性が彼女たちに抱いていた期待を抽出してみます。

インターネット検索エンジン Yahoo! Japan で「フィリピン・パブ」をキーワードに検索（2003年4月13～21日）をかけて上位にヒットした3つのウェブ・サイ

表1　フィリピン人女性エンターテイナーをめぐる表現とカテゴリー

カテゴリー	語　彙	語彙数
①「感情」的な人々	明るい（23）	59
	喜怒哀楽（20）	
	嫉妬深い（5）	
	騒々しい（3）	
	その他（8）	
②「ホスピタリティ」精神		11
③「純粋さ」		11
④「したたかさ」	嘘（5）	9
	したたかさ（3）	
	たくましさ（1）	
⑤昔の「日本人」らしさ		4

ト（Maniac Club Part 2《MCと表記》，メトロマニラネット《MMNと表記》，サン・マテオ《SMと表記》）と，出版物『フィリピーナ愛憎読本（増補版）』（アジア風俗研究会編，2002年）（Phと表記）を用いました。これらのなかから，フィリピン人女性のホスピタリティを描くために使われるいくつかの特徴的な語彙を拾いあげ，4つのカテゴリーに整理してみます（表1）。これらのうち，本章ではホスピタリティとの関連から①と②についてのみ言及しましょう。

　まず，①「感情」的な人々についてです。フィリピン人女性について書かれた文章のなかでもっとも目にするのは，とかく彼女たちが「感情」的な性格をもっているという記述です。すなわち，喜怒哀楽がはっきりしていて，怒るときも笑うときも，ストレートにその気持ちを表す。日本人にはあまり見られない，そこがまた魅力的だと言うわけです。これには，喜怒哀楽・感情表現の激しさ・ストレートさを表す語彙が含まれています。また，これとセットで「どんな悲しい事，嫌な事があっても2秒あれば復活できる能力」（MC）など，フィリピン人女性を感情的であるがゆえに立ち直りも早い，「本能的」な人々として描こうとしていることがわかります。

　一方，この「感情」には「明るさ」や「陽気」「ノリ」といった別種の語彙も含まれてきます。「彼女たちのあけっぴろげで，底抜けに明るい性格」（Ph）が日本人男性をクラブ通いに熱中させてしまうなど，彼女たちのうちに発見されるこの手の「明るさ」は，フィリピン人女性を「感情」的な人々として描く上でとりわけ重要な要素です。そして何より面白いのは，この明るさを彼女たちに「独特のもの」（Ph）と表現している点です。そう，フィリピン人女性の感情表現は，

他の民族や国民には真似できない「特別」なもの，もちろん今の日本人女性には期待すらできないことなのです。と，少なくともこうしたウェブ・サイトに投稿したり，それを読んだりしているクラブ通いの日本人男性は思いたいようです。

②「ホスピタリティ」精神についてはどうでしょうか。そもそも，フィリピン人は男女問わずホスピタリティにあふれた国民だとよく言われています。ただしクラブ通いの日本人男性が欲しているのはあくまで女性の優しさであり，しかも彼女たちは「みんなやさしい」（MMN）かもしれないけれど，できれば日本人男性に対してのみ「世界で一番」優しくあってほしいのです。

さらに興味深いのは，彼女たちのこうしたホスピタリティがしばしば日本人女性のそれと比較されるという点です。たとえば，『フィリピン夜遊び読本』（シーズ情報出版，2000年）の「コギャル，ブランドOLにおたく女とひとりよがりな個性派気取りしかいない日本の20代の女には，そういった柔らかい優しさを期待できない」といった一文からは，フィリピン人女性のホスピタリティが独特なものであり，日本人女性ではもはや満たすことのできない優しさへの欲求を，異国フィリピンの女性にすり替えて夢見る構図を読みとることができます。

一方，サービスの提供者（売り手）である彼女たちは，この期待にクラブ産業の現場で次のように応じています。たとえば，日本人のお客がステージでカラオケを熱唱するときは，店内すべてのエンターテイナーたちが「お囃子」や，「合いの手」を使ってステージ上のお客を全力で盛り上げてくれます。お客のカラオケが終わった後，エンターテイナー全員から「拍手」でもってあたたかく迎えられるといった光景に出会えば，ゲストの自分をいつでももちあげてくれる彼女たちのホスピタリティあふれる明るさに囲まれ，お客はちょっとした人気者の気分を味わうことができるでしょう。

> フィリピンパブでは，毎日でも華やかな，スポットライトに包まれた―主役気分，王様気分が味わえるのである。……中略……何度も述べるが，彼女たちは，特別なことをしているわけではない。それでいて，こんな気分を味わわせてくれる。これこそが，彼女たちが誇りとしている，ホスピタリティー精神の真骨頂なのかもしれないが――。（『フィリピーナ愛憎読本（増補版）』34-35頁，2002年）

経済的な売り上げの確保を目指す店側のマニュアルに従うだけでなく，自らもサービスの買い手である日本人男性の欲求を巧みに汲み取り，明るさや優しさを自主的に演じようとしているからこそ，彼らの目には「真骨頂」として映るのでしょう。

買い手が求め，売り手が応じる。そこには，ホスピタリティや感情といった目に見えない何かを介した，両者の利害の一致が存在しています。第一にホスピタリティが成立する背景には，フィリピンの国家戦略がおおいに関係していることはすでに述べました。女性を魅力的な国際商品としてつぎつぎに海外輸出するには，家政婦であってもエンターテイナーであっても，女性のもつ優しさが大きな利益になります。たとえ世界中の国々にいろいろな民族の女性がいたとしても，自国の女性こそがホスピタリティにおいて比類なき存在でなければ商品価値がありません。しかもそれは，移民女性を受け入れてくれる先進国の需要や期待に，フィリピン側が敏感に応じるかたちでなければ意味がないのです。クラブ産業の盛んな日本であれば，日本人女性にはない優しさに加えて明るさや楽しさ，ときにストレートな喜怒哀楽といった感情表現も求められるでしょう。子どもにも大人にも，優しく明るいフィリピン人女性のホスピタリティがこうして（国家的にもまた自主的にも）創られていくわけです。

(3) ケア労働とホスピタリティ——ケア上手なフィリピン人？

　1980年代初頭からつづいてきたエンターテイナーの来日増は，2005年3月に突如として終焉を迎えます。2004年6月，アメリカ国務省が発表した『人身売買報告書』のなかで，日本を人身売買の防止対策が不十分な「監視対象国」と名指しで批判したのです。以後，日本政府は人身売買対策に本腰を入れるようになり，その温床と目をつけられてきた興行ビザによる入国を大幅に制限しはじめました。そのため，2006年以降はエンターテイナーという名目での来日がきわめて難しくなったわけです。

　しかしながらその頃，フィリピンから日本へもうひとつのヒトの移動が生み出されようとしていました。それが，フィリピン人看護師ならびに介護福祉士の受け入れです。2004年に大筋合意し2006年9月9日に締結された日本とフィリピンとの経済連携協定（Economic Partnership Agreement（EPA））のなかで，看護・介護分野では初となる外国人労働力の受け入れを表明したのです。日比EPAは2008年10月8日にフィリピンの上院を通過し，同年12月11日に発効しました。厚生労働省のホームページ（http://www.mhlw.go.jp/bunya/koyou/other07/）によれば，2009年度から実際の受け入れが始まり，2012年度までに看護師候補237名，介護士候補者433名の計670名がすでに来日しています。

　本章でその受け入れ制度についてくわしく述べる紙幅はありませんが，宣元錫によれば受け入れそのものの是非からその枠組みにいたるまで，批判も含めて多多くの意見が飛び交いました。1980年代後半から断続的につづいてきた，外国人

労働者の受け入れをめぐる社会関心を再び呼び起こしたことも事実です。とりわけ今日の場合，少子高齢化に突き進む日本社会では，要介護者が増える一方で介護する側の労働力が減少するという厳しい現実に直面していきます。フィリピンに限らず，またいわゆるケア労働（介護・看護）に限らず，将来的には外国人労働力に頼らざるを得ない可能性も十分にあるでしょう。

人的輸出大国のフィリピンが，日本を含めて軒並み少子高齢化社会になりつつある先進地域でケア労働力が新たに不足するのを見越し，ケアギバー（care giver）の育成と輸出に力を入れるのは当然の成り行きです。ここで再び注目を浴びてきたのがフィリピン人女性のホスピタリティ，すなわち「ケア上手なフィリピン人 Caring Filipinos」でした。彼女たちがいかに「家族思い」で「心優しい」のか，いかに年長者を敬い良質のケアを提供できる生粋の国民性をもつのか，家政婦からエンターテイナーにいたるまで脈々とつづいてきた彼女たちのイメージ創りが，先進地域の抱える現実とケア労働市場の活況に向けて再発見され，今まさに新しく創りかえられようとしているわけです。特に日本との関係を考えたとき，エンターテイナーの輸出が事実上不可能になった現状をふまえ，その代わりとなる輸出品目が必要になってきます。したがってケア労働力の輸出は，国家経済が相変わらず移民の送金に依存するフィリピンにとって大きなチャンスと活路を秘めており，なんとしてでも売りに出さなければならない事情を抱えているわけです。ただし，看護師・介護福祉士の受け入れ制度は枠組み自体に問題があることもあり，現実的にもエンターテイナーに匹敵する規模での入国は難しいでしょう。成人男性の娯楽から老人男女のケアへ。いまだ未知数ではあるものの，日本のケア労働市場にフィリピン人女性が組み込まれるかたちで，日比のあいだに新たなホスピタリティの創造が起こるかもしれません。

3 おわりに

日本人もホスピタリティがあるとよく耳にします。正確には，最近そう耳にすることが多くなりました。なぜでしょうか。そもそも，どの国民にもどの民族にも遠方から友が来た際など，心から歓待する「もてなしのマナー」があるはずです。そういった意味では，すべての人々がホスピタリティあふれているのです。にもかかわらず，ある特定の地域の，特定の人々にだけホスピタリティがあるのだ，と突如言われるようになることがあります。その場合，まるで「生まれつき，そう」であったかのごとく既成事実化して語られるのが常です。しかし，そこにはたいてい経済的な利益や思惑，つまりはホスピタリティを売り／買いする

ことで資本とヒトもまた動くような社会の事情が存在しているのです。2000年以降，日本人のホスピタリティが盛んに叫ばれるようになったのも，産業構造の転換（ソフト化）と観光立国に向けた新たな資本蓄積様式が求められ，それを模索するなかで表出してきたという背景がありそうです。

　皆さんがそのような場面に出くわしたときは，ぜひ一歩立ち止まって，特定の人々のホスピタリティが強調される背景を考えてみてください。そう，「ホスピタリティは創られる」のです。

考えてみよう！
　日本のＴＶドラマや映画のなかで，フィリピンを含む東南アジア系女性がどのように描かれているのか考えてみましょう。
海外から日本人女性のホスピタリティがどのように見られているのか，想像しながら話し合ってみましょう。

さらに興味がある人へ
　特にフィリピン人女性エンターテイナーの流れやクラブ産業について知りたい方は，以下の拙著を読んでみてください。阿部亮吾（2011）『エスニシティの地理学――移民エスニック空間を問う』古今書院

【参考文献】
伊藤るり（1995）「ジェンダー・階級・民族の相互関係――移民女性の状況を一つの手がかりとして」（井上俊ほか編著『現代社会学11　ジェンダーの社会学』岩波書店）
伊藤るり・足立眞理子編著（2008）『国際移動と〈連鎖するジェンダー〉』作品社
宣元錫（2007）「看護・介護分野の外国人受け入れ政策とその課題」（川村千鶴子・宣元錫編著『異文化間介護と多文化共生』明石書店）

7章 同性愛者とホスピタリティ

吉田道代

1 はじめに

　本章のテーマは，同性愛者に対するホスピタリティです。ここでは，オーストラリア・シドニーで毎年開催される同性愛者の祭典シドニー・ゲイ・アンド・レズビアン・マルディグラ（シドニー・マルディグラ）をとり上げ，同性愛者へのホスピタリティの特徴と意味について考えます。

　まず，同性愛者とは，どのような人をさすのでしょうか。同性愛者というカテゴリーの基底には，「性的指向」という考え方が存在します。性的指向とは，セクシュアリティ（恋愛感情や性的欲望）の対象がどのような性別かによって人々を区分するもので，対象が異性の人は異性愛者（ヘテロセクシュアル），同性であれば同性愛者（ホモセクシュアル），どちらの性も対象になる人は両性愛者（バイセクシュアル）とよばれます。同性愛者の呼称では，男性をゲイ，女性をレズビアンとよぶのが一般的ですが，他にも差別的なものからそうでないものまで様々にあります。性別については，トランスジェンダーとよばれる性自認と身体の性が一致しない人や身体における男女の判別がつきにくい人（インターセックス）もいて，身体や心は男女で二分法的に区分できるものではありません。したがって，性的指向のあり方も実際には上記の三分類よりずっと多様で複雑であることは，心に留めておく必要があるでしょう。

　同性間の関係への見方は，時代や社会，その社会が持つ文化によって大きく異なります。現在，世界の大半の社会において，異性愛が優位であり，同性愛者はマイノリティとして扱われます。同性間の性的行為を犯罪として扱う国は少なくありませんし，これを違法としない国においても，同性愛者は，不利な扱いを受けたり，嫌悪，暴力の恐怖にさらされたりしています。また，同性間での婚姻を認めている国や地域は少数です。このような差別や抑圧に対し，欧米の同性愛者たちはその不当性を訴える政治運動を展開し，同時に，特定の場所に集うことで，自分たちが中心となれる娯楽や出会いの場，安心して日常生活を送れる居住

空間を作り上げてきました。サンフランシスコのカストロストリートに代表されるように、多くの大都市には同性愛者の歓楽街や集住地区が形成されています。また、同性愛者による同性愛者のための政治・文化・娯楽イベントが数多く開催され、その波は欧米にとどまらず国際的な拡がりをみせています。

本章で扱うシドニー・マルディグラは、こうして世界各地で行われる同性愛者のイベントの中で最も規模の大きいものの一つで、国内に限らず欧米・東南アジアを中心に海外からも多くの人が参加します。これらの人々は、開催地シドニーでどのように迎え入れられているのでしょうか。

2 異性愛化された空間における同性愛者へのホスピタリティ

(1) 異性愛化された空間における同性愛者の経験

シドニー・マルディグラの詳しい説明に入る前に、同性愛者のイベントが開催される背景をみておきます。先に述べたように、現代の多くの社会においては異性愛が主流です。異性愛が「正常」で同性愛は「逸脱」である、こうしたセクシュアリティの規範が支配している空間を「異性愛化された空間」とよんだのは、J・バレンタインでした。

このような環境を、同性愛者自身はどのように感じているのでしょうか。イングランドの女性同性愛者40人にインタビューをしたバレンタインの研究によると、それは「居場所がない」という言葉に要約されます。この「居場所のなさ」の感覚は、日常生活において蔓延する、異性愛者による同性愛者のセクシュアリティへの差別や抑圧によって引き起こされます。以下で、バレンタインの研究に沿って、同性愛者が「居場所のなさ」を感じる場面を解説していきましょう。

一般に、セクシュアリティは家庭など私的空間に属するもので、公的領域での表現は控えるべきとされています。しかし現実には、公的領域において異性愛者のセクシュアリティは承認され、様々な形で表わされます。たとえば、職場の福利厚生は異性愛者の家族を想定した制度・内容となっています。また、異性愛者は、勤め先の机にパートナーや子どもの写真を飾り、休憩時間などに家族の話題で盛り上がることができますが、同性愛者にはそれはできません。上司や同僚による偏見や拒絶を恐れ、性的指向を示す行動や話題を避けようとするからです。

ホテルやレストランといった親密さと関わる環境でも同様です。レストランにおいて、恋人同士が食事をしながら見つめあったり、手をつないだりしても、異性愛者であれば特に注目されません。しかしながら、同性愛者が同じことをすると、周囲から好奇の視線を注がれ、従業員から失礼な態度を受けることもありま

す。ホテルにおいては，ダブルベッドではなくツインベッドの部屋を予約するなど，同性愛者のカップルと気づかれないように行動します。道路や公園といった公共の場においても，同性愛者を見下す人，嫌悪する人たちからの中傷や暴力にさらされる危険性があるため，セクシュアリティの表出を控えます。

　では，自宅でならありのままの自分のセクシュアリティを表現できるのでしょうか。自分の家や寝室は，1人あるいは成人同士が合意の下で行う行為であるなら，セクシュアリティを気兼ねなく表してよいとされる場所です。しかし家族と暮らす同性愛者は，恋人を連れてくることも，寝室に憧れの芸能人のポスターを貼ることも，性的指向を示唆するような本や雑誌を本棚に並べることもできません。家庭という私的領域もまた，異性愛者の家族と暮らす同性愛者にとっては，くつろいで自分のセクシュアリティを表現できる場所にはならないのです。

(2) 同性愛者による空間の占有とイベント

　こうした息の詰まる状況にあって，同性愛者の中には同じ性的指向を持つ人々の集う場所で存分に楽しみたい，あるいは安らげる日常生活を送りたいと考える人がいても不思議ではありません。実際，同性愛者は，多くの大都市の衰退したインナーシティエリアなどに自分たちが占有できる歓楽街を形成し，特定の場所に集住してきました。これらは主に男性同性愛者中心ですが，ニューヨーク・ブルックリンのパークスロープなど，女性同性愛者の集住地区もあります。こうした同性愛者の集住は1960年代に本格化した同性愛者解放運動によっても推進され，このような地区は政治活動の本拠地の役割を果たしてきました。

　娯楽施設や住居など，日常生活の拠点となるような空間の占有に加え，同性愛者は，イベントなどで公共の場を一時的に占有することがあります。普段は気を遣いセクシュアリティの表出を控えている場所を，大勢の同性愛者とともに占有することにより，同性愛者は一時的とはいえ異性愛者との形勢逆転を経験します。つまり，イベントの期間には，自分を可視化させ，多数派の気分を味わい，逆に異性愛者がその場所に違和感を覚えることになるのです。

　同性愛者が空間を占有するイベントには，様々な種類があります。現在多くの都市で実施されているのが，多様なセクシュアリティの承認と差別撤廃を訴えるパレードです。1970年代にこうしたイベントが各地で始まりましたが，その背景にあったのは，1969年にニューヨーク・ブルックリンのグリニッジビレッジで起きたストーンウォール事件でした。同性愛者向けのバー，ストーンウォール・インで，警察の理不尽な手入れに憤った同性愛者たちが警官と衝突し，これが暴動に発展して，バーも焼失しました。パレードは，この事件をきっかけに拡大した

同性愛者の解放運動の一環として始まった，きわめて政治的なイベントです。しかし，これらのパレードは，スローガンが書かれたプラカードを掲げて練り歩く一般的なデモのスタイルではなく，参加者が華やかなコスチュームに身を包み，セクシュアリティの多様性を祝福する祭典の形をとっています。他には，同性愛者の文化・スポーツの国際イベントとして，ゲイ・ゲームズ（ゲイ・オリンピック）があります。1982年にサンフランシスコで始まり，4年に一度開催されています。観光イベントとして，観光業者が主催する同性愛者向けのツアーもあります。1～2週間の豪華客船によるツアー（ゲイ・クルーズ）やリゾートを満喫するツアー（ゲイ・リゾート）などで，主な顧客は比較的裕福な男性同性愛者です。ディズニーのテーマパークで開催されるイベントもあります。アメリカ・フロリダ州オーランドのディズニーワールドでは，1991年より同性愛者が集うゲイの日（ゲイ・デイズ）が設けられ，近年では13万人を超える人々が参加する人気のイベントとなっています。1週間のイベント期間中には，ディズニーワールドの中だけでなく周辺のホテルやテーマパーク，飲食店など様々な場所でパーティや行事が行われます。カリフォルニア州アナハイムのディズニーランドでも1998年よりゲイ・デイズが実施されています。

　異性愛者が主流となる空間を同性愛者が占有する，そんな行事を成功させ継続していくには，異性愛者の理解と協力が欠かせません。具体的には，開催地の自治体，地元住民，イベントに使用される施設の所有者が同性愛者を迎え入れ，歓待できるかどうかにかかっているのです。空間を占有する同性愛者たちが歓待される条件は何でしょうか。シドニー・マルディグラを事例に探っていきます。

(3) シドニー・マルディグラの発展と受容

　シドニー・マルディグラは，毎年2月中旬から3月初めに約3週間にわたってシドニーで開催される同性愛者の政治・文化の祭典です。2013年で35周年を迎えるこのイベントでは，まずシドニー市庁舎で開会式が行われ，講演会やワークショップ，美術展，演劇，コンサート，スポーツ大会，ピクニック，パーティなど100以上の行事が開催されます。特に人気がある行事の一つとして挙げられるのは，イベント期間初めに開かれるフェア・デイです。都心西南部にあるビクトリア公園を会場とし，7万人がピクニックを楽しみます。シドニー・ハーバーブリッジとオペラハウスを望む王立公園の一角で行われる大規模なパーティもあります。フィナーレを飾るのはLGBTQI（レズビアン・ゲイ・バイセクシュアル・トランスジェンダー・クィア・インターセックス）プライドとよばれるパレードです。ここでは，同性愛者を含む自由で平等な社会の実現を訴えるとともに，性的指向

の違いを超えた社会の連帯がアピールされます。

　パレードを先導するのはバイクに乗った女性同性愛者たちです。女性同性愛者にはダイクという呼称もあり，この一団はダイクス・オン・バイクスとよばれます。この後に続くのは，チームごとに揃いのコスチュームやチームのテーマに沿った衣装を身につけたダンサーたちです。100を超えるフロートと共に約1万人が隊列を組んでオックスフォードストリートを移動し，60万人以上の観客が沿道から声援を送ります。この期間に合わせ，ゲイクルーズを含む多くのツアーも組まれ，街にはイベント目当ての観光客が増加します。

　このように大型化したシドニー・マルディグラの企画・運営は，都心東南部のダーリングハーストを拠点とする地元シドニーの同性愛者コミュニティによって担われています。この地区には，1960年代半ばから男性同性愛者が集住し，オックスフォードストリート沿いには男性同性愛者が集うナイトクラブやバー，レストランが建ち並びました。1990年代には，この地のドラァグクィーン（女装パフォーマー）を主人公とする映画『プリシラ』（ステファン・エリオット監督，1994年製作）の成功の後押しもあり，同性愛者以外も訪れる国際的な観光地となりました。2000年代以降は地価の高騰により，南西側に隣接するサリーヒルズへの同性愛者の移住が進み，同性愛者向けの店舗も減少しました。しかし，2013年現在でもオーストラリア最大の同性愛者向けの歓楽街であり，シドニー・マルディグラにおいてもパレードを含む様々な行事がここで開催されています。

　次に，シドニー・マルディグラの発展過程をみてみましょう。第1回の開催は1978年6月24日です。同性愛に関する国際的な啓発活動の一環として，ストーンウォール事件を記念したパレードがダーリングハーストで実施されました。この時の参加者は推定1000から2000人で，現在と比べると小規模です。しかし，行進がオックスフォードストリートからハイド公園に入ったところで，公園の使用許可をめぐって参加者と警察の小競り合いが起き，暴動となります。最終的には53人の逮捕者が出ました。

　当時，ニューサウスウェールズ州法では，同性間の性交は犯罪であり，社会における同性愛者に対する偏見は現在よりもずっと露骨に表されていました。このような時代にあって，シドニー・マルディグラは同性愛者への差別の撤廃と多様なセクシュアリティの承認を求める政治的色彩の濃い活動として始まり，その後文化・娯楽色が強められていきます。1983年に開催時期が冬の6月から夏の2月に変えられると，パレード参加者の衣装はさらに自由となり，2月はオーストラリアの観光シーズンということもあって，娯楽・観光との結びつきが深まりました。一時はエイズ禍への恐れからくるイベントへの強い反発もありましたが，参

加者と見物人は増加の一途をたどります。1984年に5万人だったパレードの見物人は，1989年までには20万人となり，1993年には50万人を超えました。

1980年代末になると，シドニー・マルディグラは，主要政党，自治体，企業からの支援を受け始めます。同性愛者のアイデンティティの承認は，オーストラリアの公式な理念である多文化主義の文脈で語られ，シドニー・マルディグラは同性愛者と異性愛者の調和のシンボルとみなされました。キリスト教を信仰する政治家からの反対もある一方で，多くの政治家がイベントの趣旨への賛同を表明し，州の観光庁も観光案内でこのイベントを紹介するようになりました。そして，航空会社や通信会社などの大企業が協賛し，莫大な資金を提供していきます。これに加え，1990年代半ばには，パレードのテレビ中継も行われました。

2013年のイベント期間中，シドニー市庁舎の正面入口の上には同性愛者のシンボルカラーであるレインボーの旗が掲げられていました。街中では，オックスフォードストリートをはじめとする大通りの沿道に「Happy Mardi Gras!」と書かれたのぼり旗が立てられ，レインボーの旗を飾る飲食店やファッション店も多くみられました。また，道路脇の空きスペースや公園にはハート型やLOVEの文字を花で作った花壇が配置されていました。このようにイベントは，現在，同性愛者が大がかりに歓待される場になっています。

(4) 同性愛者のイベントがもたらす利益とホスピタリティ

シドニー・マルディグラが1980年代という時期に公的な承認や企業の協賛を受けるようになったのは，一つには同性愛者の政治的活動の成果と言えますが，この変化の背後にあるのは経済的動機です。1970年代に進んだサービス経済化により，シドニーは生産の場所から文化・消費の場所へと変容していきました。そして，製造業に代わって都市を牽引する産業として，観光が注目されるようになりました。1980年代には，観光客誘致や消費拡大のため，カジノなどの娯楽施設の建設やウォーターフロントの再開発など，魅力的な観光資源創出のための努力が行われています。また，この時期には，オーストラリア国内だけでなく，世界の多くの都市が観光客の誘致に取り組んでおり，他の都市と差別化できるような何らかの特徴を作り出し，都市の価値を高めることが求められていました。歴史が比較的浅く，突出した資金力を持たないシドニーにおいて，シドニー・マルディグラは国際的に注目を集め，高い集客力を持つ稀有なイベントです。イベントによってもたらされる経済的利益・効果に自治体や企業が気づいたことにより，祭典は歓迎され，同性愛者は消費者・観光資源の創出者として歓待すべき存在になったと考えられます。

3 おわりに

　本章では，シドニー・マルディグラを事例に，同性愛者がホスピタリティの対象となった背景と要因について考察してきました。シドニー・マルディグラは当初は参加者が逮捕されるほどの摩擦を起こしましたが，現在では多方面から祝福と支援を受けています。この変化は，同性愛者たちの長年の政治運動なしでは起こりえなかったでしょう。これにより，性的指向の違いに基づく差別は人権侵害であるという考え方が社会に浸透し，同性愛者は独自の尊重されるべきアイデンティティを持つ集団と認識されるようになったからです。

　しかしながら，これまで述べてきたように，開催地におけるイベントへの協力と参加者へのホスピタリティは，イベントが同性愛者のコミュニティの外にも経済的利益をもたらすことによって成り立ちます。イベントの参加者とこれにひきつけられた旅行者の消費は，観光関連企業に多大な利益をもたらします。直接恩恵を受けるのは，ツアーを企画する旅行会社，航空会社，ホテル，飲食店などですが，地元経済への波及効果も見込まれます。また，同性愛者に友好的な街であるという評判は，観光における同性愛者の誘致につながります。さらに，シドニー・マルディグラのような個性の強いイベントは，同性愛者のコミュニティを越えて広くシドニーの知名度を高め，街の魅力を宣伝する格好の機会となります。そこでは，同性愛者を排除するよりも，気持ちよく楽しく過ごしてもらって消費につなげ，シドニーのよさを宣伝してもらってさらなる訪問者を呼び込む方が政府や企業，地元住民にとって得であるという計算が働いているのです。

　以上みてきたように，イベントに関わる同性愛者へのホスピタリティは，経済的利益をもって報いられることへの期待感と強く結びついていると考えられます。しかし，このようなホスピタリティは，日常における同性愛者のアイデンティティの承認につながり，同性愛者に開かれた社会の形成に寄与するのでしょうか。政府・企業が主導する経済的観点からの同性愛者へのホスピタリティが充実すればするほど，そのあり方を深く問い直してみることが求められています。

---

⑦考えてみよう！
　シドニー・マルディグラのようなイベントを日本の大都市で開催するとしたら，主催者や開催地の自治体はどのような準備をする必要があるでしょうか。また，地元住民からはどんな反応が予想されますか。その理由も考え，話し合ってみましょう。

⑦さらに興味がある人へ
　同性愛者の解放理論や運動については，風間孝や河口和也がわかりやすく解説した本があります。日本語に翻訳された本もありますので，読んでみましょう。また，同性愛者のイベントやツーリズムについては，2000年代に入り研究の蓄積が進んでいます。これらは，同性愛者へのサービスとしてのホスピタリティを考える上で参考となりますが，英語で書かれた文献が中心となります。

【参考文献】

アムネスティインターナショナル編（2003）『セクシュアリティの多様性を踏みにじる暴力と虐待——差別と沈黙のはざまで』人文社

アルトマン，D./岡島克樹・風間孝・河口和也訳（2010）『ゲイ・アンデンティティ——抑圧と解放』岩波書店

風間孝・河口和也（2010）『同性愛と異性愛』岩波書店

河口和也（2003）『クィア・スタディーズ』岩波書店

バレンタイン，G./福田珠巳訳（1998）「（異）性愛化した空間—日常空間に対するレズビアンの知覚と経験」『空間・社会・地理思想』，第3号，pp.77-95.

Carbery, G. (1995) *A History of the Sydney Gay and Lesbian Mardi Gras*. Parkville: Australian Lesbian and Gay Archives.

Hughes, H. L. (2006) *Pink Tourism: Holidays of Gay Men and Lesbians*. Oxfordshire & Cambridge: CABI.

Johnston, L. (2009) *Queering Tourism: Paradoxical Performances at Gay Prideparades*. London & NY: Routledge.

Markwell, K. (2002) "Mardi Gras Tourism and the Construction of Sydney as an International Gay and Lesbian City." *GLQ: A Journal of Gay and Lesbian Studies*. 8 (1-2): 81-99.

Reynolds, R. (2009) "Endangered Territory, Endangered Identity: Oxford Street and the Dissipation of Gay Life". *Journal of Australian Studies*. 33 (1): 79-92.

Sidney Gay and Lesbian Mardi Gras. (2013) "Sydney Mardi Gras Parade."
　http://www.mardigras.org.au/events/sydney-mardi-gras-parade/

Waitt, G. & Markwell, K. (2006) *Gay Tourism: Culture and Context*. NY and London: Haworth Hospitality Press.

8章 オタクツーリズムにおけるホスピタリティ

岡本　健

1 はじめに──オタクとホスピタリティ

　本章では，オタクツーリズムにおけるホスピタリティを考察します。この場合のオタクは，ある一つのことがらに対して，非常に強い興味，関心を持つ人々のことを指し，ここでは，オタクがその関心のもとに行う旅行，および，それと関わる人や事物との関係性を総合してオタクツーリズムと呼びます。

　昨今，旅行者や旅行のあり方の多様化が言われ，とくに趣味や，特定の事物に対する強い関心を動機として旅行を行うケースが多く見られるようになっています。こうした旅行者は，一般的なツアー商品では満足せず，自ら旅程を定めて現地を訪ねます。こうした，オタク的な旅行者（オタクツーリスト）と地域住民の関係性はどのように構築されていくでしょうか。

　これまで旅行者（ゲスト）と地域住民（ホスト）の相互作用に関する研究では，バレーン・スミスによる1977年の著書『Hosts and Guests』をはじめとして，ホストとゲストをそれぞれ一つの単位と考えて議論を展開し，主にゲストがホスト社会に与える影響を明らかにしてきました。この枠組みは，たとえば，ホスト社会のコミュニティが頑健で，ゲスト側は団体旅行客が主という場合には有効ですが，現代日本社会では，地域のコミュニティの強度は弱まり，旅行者も多様化しており，地域住民と旅行者の力関係も明確ではない場合も少なくありません。

　さらに，安福恵美子は，インターネットの普及によって，観光関連産業による仲介の役割が小さくなりホストとゲストは直接出会う場面が増え，関係性も複雑化していることを指摘しています。

　本章では，オタクツーリズムの一例として，アニメファンがアニメの舞台を探して訪ねる，「アニメ聖地巡礼」という現象を題材に，ホスピタリティのあり方を考えていきます。その際，時にゲストとホストの相互作用に着目しますが，現実空間のみならずインターネット上も射程に入れて，考察していきます。

2 アニメ聖地巡礼とホスピタリティ

(1) アニメ聖地巡礼と地域

　アニメ聖地巡礼とは，アニメに描かれた背景のモデルとなった場所を実際に訪れることを指します。映画やドラマによる観光振興と異なり，アニメの聖地巡礼の場合，製作サイドがその舞台をアピールしないことが多々あります。

　しかしファンの中には，背景のモデルとなった風景を探し出すことを趣味とする人がおり，彼らは，見つけ出した風景の写真を撮影し，「巡礼記」としてインターネットで公開します。他のファンは，「巡礼記」を元に聖地巡礼を行い，その様子をさらにインターネットで発信します。こうして，個人の情報発信の集積によって聖地に関する情報が準備されます。その結果，マスメディアや地域による積極的な情報発信が無い場合でも，地域に旅行者が訪れることになるのです。

　このメカニズムにより，地域住民にとっては観光産業やメディア産業による仲介無く，ツーリストによる突然で直接的な来訪を受けることになります。さらにオタクツーリストは，地域文化や従来の観光資源とは異なる興味，関心を動機として訪れるため，その行動が地域住民に理解されないこともあります。神田孝治は，ツーリストと地域住民の間でトラブルが起こるケースを具体的に報告しています。

　近年見られる，聖地巡礼者が現地を訪れる前から製作サイドや地域サイドがアニメファンの誘致を仕掛けるケースでは，ファンが「アニメ製作サイドや地域サイドに利用されている」と反発し，インターネット上で地域に対する悪いイメージが広範囲に素早く広まってしまう場合もあります。

　一方で，山村高淑は地域，アニメ製作者，旅行者が協力関係を築き，地域振興につながるケースを複数報告しています。こうしたポジティブなインパクトをもたらす地域における実践について考察していきましょう。

(2) 地域住民のホスピタリティ

　理解が難しい価値観を持った，予期せぬ来訪者が地域を訪れた際に，地域側はどのようにもてなしを行うことができるでしょうか。

　アニメ『おねがいティーチャー』（2002年1月～3月放映）の舞台となった長野県の木崎湖周辺地域では，ツーリストに対する呼びかけ方を工夫しました。アニメファンに対する「オタク」という呼び名は，1988年に起きた連続幼女誘拐殺人事件によって広く有名になった言葉であり，ネガティブなイメージが付与される

場合があります。そのことを危惧し，来訪者に不快な思いをさせてはならないと考えた地域住民が，訪れる人々を「おねてぃさん」と呼ぶことを関係者内で徹底したのです。また，木崎湖畔の宿泊施設，アルペンハイム山正旅館の女将は，「おねてぃプラン」という宿泊料金割引を用意したり，通常のホームページとは別に「おねてぃサロン.net」(http://www.mjnet.ne.jp/onetysalon/)という聖地巡礼者向けホームページを開設したりして，歓迎の意を表しています。館内には，巡礼者が持ち寄ったグッズが並べられており，女将や他の宿泊者との交流スペースも設けられています。また，木崎湖畔にある食堂，星湖亭では，アニメに登場するキャラクターにちなんだメニュー「まりえカレー」などをファンの要望に応えて提供しています。こうした様々な工夫により，木崎湖周辺は2012年10月現在でも，聖地巡礼者が絶えません。2009年10月に筆者が山正旅館で実施したアンケート調査の結果からは，30回以上訪れているリピーターも確認できました。

　このように，来訪者に対して嫌な思いをさせない，楽しい時間を過ごしてもらう，というおもてなしが行われる場は，オタクツーリストにとって心地よい空間となり，何度も通いたい場所となるのです。

　一方で，アニメ『らき☆すた』(2007年4月〜9月放映)の舞台となった埼玉県久喜市鷲宮では，オタク文化を全面に押し出したまちおこしを展開しています。当初アニメには詳しくない状態で聖地巡礼者の来訪を受けた鷲宮商工会職員の坂田圧巳氏は，インターネット掲示板などによって情報を収集するとともに，聖地巡礼者に直接話を聞くことで，アニメファンのことを理解していきました。そして，同職員の松本真治氏は「せっかく遠くから来てくれているファンがいるのだから，何か持って帰ってもらえるものを作りたい」と考え，坂田氏とともに著作権者から許諾を得て，『らき☆すた』桐絵馬型ストラップを制作しました。

　こうしたオリジナルグッズの作成はアニメを活用した観光振興を行う際によく見られる試みですが，鷲宮ではその販売方法に工夫が見られます。まず10数種類の様々な絵柄のものを制作し，それを，2種類ずつ町内の様々な個人商店で分散販売したのです。その結果全てのストラップを集めるには，町内に点在する複数の店舗を巡る必要が生まれ，まちあるきが促進されました。また，町内の飲食店でらき☆すたメニューを注文してスタンプを集めると，オリジナルグッズがもらえる飲食店スタンプラリーも実施し，これも同様の効果をもたらしました。こうした取り組みにより，オタクツーリストと地域住民が出会う仕組みができ，店主と交流したり，個人商店にファンが持ち寄ったグッズが並んだりしました。

　ストラップ販売店の一つとなった成田洋品店主の成田靖氏は，自他ともに認める神輿オタクで，千貫神輿を担ぐ地域の伝統的な祭りである土師祭（はじさい）

の主催を担う土師祭興曾(はじさいこうかい)の会長を務めていました。成田氏は、ファンとの交流の中で着想を得て、2008年9月の土師祭から「らき☆すた神輿」を出すことにしました。この「らき☆すた神輿」は祭興曾メンバーとファンが協力して手作りをしたものです。らき☆すた神輿はそれ以降、毎年土師祭に登場して好評を博し、2010年には上海国際博覧会でも担がれました。

また、この土師祭では、関連する様々な企画が催されています(図1)。

「WOTAKOIソーラン祭り」は、秋葉原にあるライブ&バー「ディアステージ」で活躍するアイドルが舞台で歌とダンスを披露し、それに加え、アイドルの歌とダンスに合わせた「オタ芸」(ファン考案の独特の動きや掛け声)を披露するオタク達も舞台にあがるという複合的なオタク文化を楽しむ舞台になっています。「わしのみやMISSコン」は、男性がアニメの女性キャラクターに扮して美しさを競うコンテストである。一般に男性の女装コスプレは、歓迎されないことも多いのですが、このMISSコンには、ファンとともに多くの地域住民が見物に訪れています。「コスプレ祭り」は、鷲宮神社から鷲宮商工会までをつなぐ商店街で、コスプレをして自由に歩くことができるというもので、500名を超えるコスプレイヤーが参加します。通常、コスプレイベントは建物の敷地内で閉鎖的に行われることが多く、町中を自由に歩き、写真撮影ができるものは珍しいのです。「オタクニカル☆パレード」は、人力車を先頭に、コスプレイヤーを載せた

図1 らき☆すた神輿と千貫神輿(左上、2008年9月7日)、WOTAKOIソーラン祭り(右上、2010年9月5日)、わしのみやMISSコン(左下、2011年9月4日)、オタクニカルパレードの超三次元要塞ワシロス(右下、2012年9月2日)【筆者撮影】

ボート「超三次元要塞ワシロス」が商店街をパレードするというものです。

　この土師祭の来場者数は2007年で3万人であったのが，2012年には7万2000人を記録しています。大河ドラマ観光の場合，放映年の2年後にはその効果が失われることを考えると，作品終了後の来場人数の増加は，オタクツーリストを含めた来場者の祭りへの支持を表していると考えて良いでしょう。

　鷲宮におけるホスピタリティの特徴は，オタク文化を受け入れ，そのことを大々的に発信していることだと言えます。オタク的なイベントはオタクツーリストと地域住民の価値観の差を考慮し，地域住民の目に触れないところで完結させてしまう傾向にありますが，鷲宮では，オタク文化を再解釈し，アニメのファンだけでなく，地域住民も楽しめるような形で公開しているのです。

　軽音楽部の女子高校生たちの日常を描いたアニメ『けいおん！』（2009年4月～6月，2010年4月～9月放映）の舞台となった滋賀県犬上郡豊郷町では，豊郷小学校旧校舎群（以下：豊小）が聖地とされています。豊小はアメリカ人建築家ウィリアム・メレル・ヴォーリズの設計であり，2009年5月30日から一般公開されています。一般公開日には，すでにアニメ『けいおん！』が放映されていたこともあり，ファンが来訪していました。

　豊小の酬徳記念館には，アニメファンが持ちよった『けいおん！』のグッズや作中で描かれたギターと同型の実物などが置かれています。また，作中で「部室」として使われている教室には，アニメ内で描かれているシーンがファンによって再現されています（図2）。この他，豊小の前には「痛車」と呼ばれるアニメの絵が貼り付けられた自動車が多数停まり，コスプレをしたファンが旧校舎

図2　酬徳記念館に並べられたグッズ（左，2011年9月11日）アニメのシーンが再現された「部室」（右，2010年10月21日）【筆者撮影】

群をバックに写真撮影を行う様子も見られます。

　さらには敷地外でも，地域の文化とオタク文化が融合したものが見られます。それが「飛び出し女子高生」です（図3）。この飛び出し女子高生は，滋賀県を中心に各地に存在する看板「飛び出し坊や」を元にしたパロディです。

飛び出し女子高生は，巡礼者が豊郷町の飛び出し坊やを見て，「アニメのキャラクターのものがあったら面白い」と発案し，デザインしました。地域住民がその発想とデザインを高く評価した結果，共同で制作されました。飛び出し女子高生は，豊郷町内の様々な場所に設置され，豊郷を訪れる巡礼者から好評を得ています。飛び出し坊やという地域で見

図3　飛び出し女子高生(左)と飛び出し注意を呼びかける飛び出し坊や(右)（2010年9月12日）【筆者撮影】

られる文化と，アニメキャラクターというオタク文化が結びついた観光文化であると言えるでしょう。

　豊郷のホスピタリティの特徴は，様々な形で表現の場が提供されていることです。グッズを置いていくこと，アニメのシーンの再現，痛車，飛び出し女子高生，同人誌即売会など，オタクツーリストによる表現が豊小内外で展開されています。オタクツーリスト有志は，豊郷に対する感謝の気持ちを表すため，旧校舎群の清掃を行ったり，土産を購入することで地域に還元しようとしています。また，中には，何度も訪れるうちに，町民や他の巡礼者との関係性の価値を強く感じ，町内に転居してきた人もいるのです。

　アニメ『あの夏で待ってる』（2012年1月〜3月放映）の舞台となった長野県小諸市では，アニメに登場する飲食物を提供する個人商店があります。

　『あの夏で待ってる』は，地球に不時着した宇宙人の少女（高校生）と男子高校生が共同生活を送り，友人たちとともに映画を製作するという物語です。彼女は宇宙人であるため，一風変わった料理を作るという設定になっており，そのうちの一つに，カルボナーラのような見た目をしているにもかかわらず，冷やし中華の味がするパスタがあります。

　自家焙煎珈琲こもろのマスターは，店の常連客から，小諸を舞台にしたアニメが放映されるという話を聞き，巡礼者の薦めもあって作品を見るようになり，登場する飲食物を作ってみようと思い立ちます。「お客様からお金をいただいてお出しするからには，ただの遊びのネタとしてではなく，ちゃんと味も満足していただけるものでないといけない」と言うマスターは試行錯誤を重ね，納得のいく味に仕上げてメニューに加えました。こうして生まれた「あのパスタ」は，巡礼者だけでは無く，元々の常連客にも好評だそうです。また，巡礼者の中には，これらのメニューをきっかけに店のファンになっていく人も出てきています。

図4　アニメに出てくるメニューの画像（左）「あのパスタ」とアイスコーヒー（右）
（2012年9月16日）【筆者撮影】

　オタクツーリストは，一つの対象に特別な興味，関心を抱いて旅行を行うため，元々の興味の対象以外には関心を向けにくい傾向があります。しかし，小諸の事例のように，オタク文化を理解しつつ，本業を活かした取り組みをすることで，これがオタクツーリストと地域住民をつなぐメディアとなり，その結果，オタクツーリストの興味，関心が地域や地域住民にもひらかれていくのです。

3　おわりに——幸せな出会いのために

　ここまで，アニメ聖地巡礼におけるホスピタリティの諸相を4つの地域の事例を通して見てきました。これらの地域に共通するホスピタリティのあり方は以下のように整理することができます。
　まず，オタクツーリストを，ただ経済的な利益をもたらす消費者として見るのではなく，関心を持っている対象や，その価値観をも重視することです。価値観を知るためには，インターネットで情報を得ること，現実空間上でオタクツーリストたち自身と対話をすることや，作品自体を理解することが重要です。
　次に，価値観を理解した上で，その理解を何らかの形で表現していることです。この際の形は，地域によって様々なあり方が見られました。ツーリストに対する呼び方を失礼の無いようにする。オタク文化を再解釈したイベントを公開で行う。ツーリストの表現の場や活躍の場を提供する。クオリティの高いメニューを提供する。これらは全て，オタク文化と地域文化を混淆させた観光文化の表出であると言えます。こうした観光文化が，オタクツーリストにとってホスピタリティを感じられるものとなります。そして，このことは，受け手であるツーリストによってインターネットを通じて発信され，広まっていくのです。
　オタクツーリズムは地域側が意図していないイメージがツーリストによって付

与される観光形態であると言えます。しかし，だからといって，ツーリストの価値観を否定し，無理に地域文化を理解させようとしても，そこにはコンフリクトが生まれる可能性が高くなります。地域側がツーリストの価値観を理解し，その価値観に沿った形で，地域側の取り組みを実施していく。そのことによって，オタク的な興味，関心を動機として地域を訪れたオタクツーリストの関心が，地域やそこに住まう人々，そこに集う人々にひらかれ，その場所を愛するようになり，自分の居場所と感じられるようになるのです。

　もちろん，本章ではアニメ聖地となっている場所の一部を取り上げており，また，その中でも各地域で起こっていることの一面を取り上げているに過ぎません。アニメ聖地巡礼をはじめとしたオタクツーリズムは，現在アニメ以外の様々な分野でも実践されています。コンフリクトが生じた事例も含めて今後も継続的に研究を進め，オタクツーリズムをめぐって幸せな出会いが果たされるようなホスピタリティのあり方について考察を深めていく必要があります。

考えてみよう！
①何か一つのことに興味，関心が非常に高い旅行者を想定し，その特徴を考えて，できるだけ詳細に書き出してみましょう。
②①のような特徴を持つ人々がする旅行で，関わる様々な人がそれぞれに満足できるようにするには，どのような工夫が必要でしょうか。他の章も参考にして考えてみましょう。

さらに興味がある人へ
　観光における人と人との関係性を深く学びたい場合は，観光社会学や観光人類学，観光心理学を学んでみましょう。また，アニメ聖地巡礼と地域振興については，『アニメ・マンガで地域振興』や『n次創作観光』で詳しく論じられています。

【参考文献】
岡本健（2013）『n次創作観光――アニメ聖地巡礼，コンテンツツーリズム，観光社会学の可能性』北海道冒険芸術出版
神田孝治（2012）「白川郷へのアニメ聖地巡礼と現地の反応――場所イメージおよび観光客をめぐる文化政治」『観光学』，第7号，pp.23-28.
スミス，バレーン／三村浩史監訳（1991）『観光・リゾート開発の人類学』勁草書房
安福恵美子（2006）『ツーリズムと文化体験――〈場〉の価値とそのマネジメントをめぐって』流通経済大学出版会
山村高淑（2011）『アニメ・マンガで地域振興』東京法令出版

9章 ホスピタリティ社会とその問題

堀野正人

1 はじめに

　研究や啓発活動の領域において，ホスピタリティという言葉は，単に手厚いおもてなしだけを指すのではなく，人がとるべき普遍的な社会の行動規範として認識されています。それは利益を目的にした義務的なものでは決してなく，自発的で無償のものです。また，個人の尊厳と平等に基づき，互いの良好な関係を創造する原理としてもホスピタリティは提唱されてきました。

　他方，サービス業の領域では，より実践的に，個人に応じた，温かく思いやりのある接客を指す言葉として用いられ，強い関心を呼んでいます。なぜなら，ホスピタリティの発揮が，顧客の満足を高め，リピーターを生み，企業の利益や成長につがなる可能性があるからです。

　社会の行動規範とサービスの高品質化という二つの異なる次元のホスピタリティは，現実には混ざり合い，時として矛盾しながらも，私たちの間に広まりつつあります。たとえば，現代社会のひとつの特徴として「お客様」社会と呼ばれる状況が指摘されています。企業や従業員の熱心なホスピタリティの追求が，「お客様」扱いを当然と感じさせ，かえって人びとの無関心や，時によっては傲慢な態度の増長にさえ結びつくおそれもあります。また，ホスピタリティを不可欠なものとして働く人びとは，常に自分の感情をうまくコントロールして，どんな客にも接しなければなりません。一方的に要求される感情の提供とその商品化は，「感情労働」という新たな労働疎外を生んでいます。

　では，店員と客といった関係を離れてみたとき，社会一般にホスピタリティは発揮されているでしょうか。私たちの周りには，他人への気遣いを促す親切なメッセージがあふれ返っています。電車の中では，「優先座席付近では携帯電話の電源をお切りください……」というフレーズを聞かない日はありませんが，この指示に従っている乗客は皆無に等しいでしょう。しかし一方で，人びとは相手が身内や知人であれば，いたって繊細な気配りをみせたりもします。つまり，日

本社会でのホスピタリティの前提には，他人との直接的な対話を避けたり，内と外を使い分けたりする，固有のコミュニケーションの取り方があるものと考えられます。

現代社会において，接客対応を要するサービス産業だけでなく，医療，福祉などの領域や，地域コミュニティのなかでさえもホスピタリティの重要性が説かれています。いわばホスピタリティ化する社会の中に生きている私たちは，ホスピタリティの理念と現実の間に，あるいは，個人と経済・社会の間に，どのような力学が働いているのかを問うてみる必要があるでしょう。

2　ホスピタリティの理念と現実

(1) ホスピタリティという概念

ホスピタリティの語源は，客人歓待を意味するラテン語のホスペス（hospes）に発しています。その後，キリスト教の「隣人を愛せよ」という慈悲の心を根底に据えた言葉として用いられてきました。現在，研究の領域では，仏教，イスラム教の社会でもホスピタリティという言葉ではないものの，同じような考え方が存在することに着目し，ホスピタリティを時代や国や文化の違いを越えて成り立つ，普遍的な行動規範としてとらえる傾向があります。また，日常生活を含む様ざまな場面で，対等な個人を前提に双方向の良好な関係を創造し持続させるものと考えられてきました。そして，ホスピタリティの基本的な性格として，自発性，個別性，非営利性といったものが挙げられています。

では，今や広く用いられるようになったホスピタリティの直接的な由来はどこにあるのでしょうか。第二次大戦後，米国のホテル・レストラン産業において，機能的，均質的なサービスを越える，情緒的な高い満足をもたらす人的応接をホスピタリティと呼ぶようになりました。つまり，スタッフの個人的で人間味のある対応の良さによって顧客を確保することを狙った企業の差異化戦略として，ホスピタリティが重要視されるようになったのです。現在，日本でも宿泊・飲食をはじめ，サービス産業の拡張と競争が激化し，ホスピタリティが経営成功の一つの鍵としてみなされるようになりましたが，ビジネス用語としてのホスピタリティは，比較的近年の産物なのです。

しかし，先に述べたように，仮にホスピタリティが本来は報酬を求めない自発的な行為だとすれば，企業による指揮命令の下に経済的利益の実現をはかる従業員の行為とは相容れないことになります。それは商品としてのサービスであり，本来のホスピタリティとは無縁とする解釈も可能です。

両者の違いや関係をもう少し考えてみましょう。一方のサービスは無形の経済財のことであり，具体的利用者に対して顧客満足のため他律的に提供する「もてなし」を意味します。奴隷を意味するラテン語のセルバス（servus）に由来するサービス（service）は，権利・義務的な主従関係を基本におく，一方向の行為であるわけです。他方，ホスピタリティとは，他者，特に来訪者や異国の人に，歓待の精神をもって接遇すべきであるという人間の価値規範なのであり，つまり，"人間としてのありかた"を示す当為の原理としてとらえられます。行為主体が，誰にでも親切にする，自律的，自発的な実践そのものに意味があり，当然ながら無償のものです。このように両者を明確に区別するならば，たとえ個別的な気配りが加わっていようとも，サービスをホスピタリティとは呼べないことになります。

　とはいえ，実際の経済社会では，もはやサービスにホスピタリティを付加する，あるいは内包させることは当然視されています。情緒的な満足を実現する高度のサービスとしてホスピタリティという言葉が通用してしまっている現実を，どう理解したらよいのでしょうか。

　ホスピタリティが自主的で非営利的なものであるという性格は，個々の従業員の労働における意識と実践のなかでは成り立つはずです。実際，客に少しでも心地よく，楽しく過ごしてもらおうという気遣いは，サービス労働に従事する多くの人びとに共通しているからです。しかし同時に，企業は戦略的に，そうした従業員の個別的で質の高いサービスを武器に競争に打ち勝たなければならないので，個人の自主性から発せられるホスピタリティを商品化していきます。かくして，一方で，従業員個人の仕事に対する高い自覚や意欲が他人（客）に対するホスピタリティとして現れ，他方では，それが企業のサービスの高品質化を実現し，売り上げと利益に貢献するということになるわけです。

(2) ホスピタリティの発揮と「お客様」社会

　際限のないホスピタリティの追求が顧客の満足を高め，その反応や評価が従業員の満足となって彼らの意欲をさらに高めるという「好循環」が，常に成立するのであれば問題はないでしょう。つまり，自発的な行動規範と高品質化しつづけるサービスという二つの異なる次元のホスピタリティが予定調和的に共存ないし統合できる場合はよいのですが，実際にはいろいろなゆがみや矛盾が生じてきます。経営者は，温かみある個人的応対を無償の付加的行為として提供するように従業員に指示します。他方で，ホスピタリティの提供がサービス業で一般化すればするほど，客側はそれを当然のものとして受け取る意識が高まるでしょう。

こうしてホスピタリティの向上が過熱し，より質の高いもてなしを当然のように要求する客のふるまいが広まってくると，それと結びついて，いわゆる「お客様」社会の様相が現れてきます。森真一によれば，現代社会では，企業や店員に受身で依存する人びとである「お客様」が増えているというのです。「お客様」は，理性を持って主体的に選択をしていく生活者の意味合いを含んだ消費者とは異なります。「お客様」は決して不快にさせてはならないのであり，可能な限り欲求をかなえてあげるべき存在です。「お客様は神様」という社会的風潮が強まれば，商品やサービスを購入する客であるからには，自分のことを何でも聞いてくれるという思い違いをした客が出てきます。店員や企業の側が，懸命にホスピタリティを発揮することが，結果として，傲慢で，受身で，寛容さに欠けた人間を生み出すことになるわけです。

　森は他にも「お客様」社会化の理由を指摘しています。それは，一部の客の自尊心が，従業員の接客態度に強く依存して成り立っていることです。現代社会では，近隣地域や会社のなかの結びつきが弱まっています。こうした状況下では，ある人びとは自分を承認してくれる人間関係を店員とのコミュニケーションに求めるようになったというのです。店のスタッフは，商品やサービスを販売するために，一生懸命に客を褒めたり，個人的な話を聞いたりします。高額のブランド品を購入したり，ハイグレードのホテルに泊まったりする場面では，この傾向はいっそう強くなるでしょう。すると，客はその時だけは，すべてを肯定される特別な存在の「私」でいられるわけです。対等ではない擬似的なコミュニケーションのなかで，アイデンティティを保っていること，これもまたホスピタリティの広まりが生み出す社会の特徴といえそうです。

(3) 感情労働と表裏一体のホスピタリティ

　産業社会においてホスピタリティが求められる状況は，客に接する従業員の側に，どのような影響を与えるのでしょうか。ホスピタリティを感じられるか否かは，笑顔，挨拶，アイコンタクト，礼儀正しさといった要素が深く関与します。心遣い，気配りは，まさに感情をともなう行為であり，その点にホスピタリティが不可欠とされる仕事の大きな特徴があります。接客業のやりがいは，真摯で温かい気持ちのこもったホスピタリティに対して，客からかけられる感謝と慰労の言葉であり，客の発する好意的なメッセージこそが，仕事に対する最大の動機づけであるといっても過言ではないでしょう。

　しかし，このことは逆の方向にも作用します。ホスピタリティを求められる仕事は，常に笑顔で臨機応変に客のニーズに応え，クレームを迅速に処理しなけれ

ばなりません。たとえ，それが理不尽なクレームや非礼な言動をともなっていても自分の本来の感情を押し殺し，礼儀正しく明朗快活にふるまうことを求められます。そこから来る精神的疲労は，単なる休憩・休暇では回復できないため，慢性的にストレスがかかり，心身の不調をきたすこともあります。

　このような仕事は「感情労働」と呼ばれ，その遂行にあたっては，肉体や頭脳だけでなく感情の抑制，鈍麻，緊張，忍耐などが不可欠になります。つまり，表情や声や態度でその場に適正な感情を演出し，高度にコントロールすることが必要とされるのです。旅客機の客室乗務員，ホステス，百貨店や銀行店舗の案内係，ホテルのドアマン，各種の受付カウンターなどの従来からあるサービス業務に加え，看護士，介護士，コールセンターのヘルプデスクや苦情処理の担当者など，現在では幅広い職種が感情労働に該当します。

　感情労働についてはさまざまな問題が指摘されています。ここでの大きな問題は，やはり本来売買されるはずのない感情が，演出されたサービス商品となることではないでしょうか。そして，感情の表出をともなうホスピタリティの評価は，受け手である客が一方的に決定します。とくに観光に関連するサービス産業でのホスピタリティは，実際にはゲスト＝客が主観的に「ある」と感じたときにあることになります。働く人は，客の意に沿って感情を巧みにコントロールするよう求められるだけでなく，自然と無意識的に湧いてくるはずの自分の感情が，常に客や，さらには企業の評価にさらされることになります。

(4)「山彦挨拶」と日本的コミュニケーション

　あなたは，コンビニに入ったとき，店員に挨拶をしますか？　そんなことは考えたこともない，という人も多いでしょう。ほとんどのコンビニでは，客の来店を知らせるドアの機械音に敏感に反応して，「いらっしゃいませ，こんにちは！」と元気に大きな声で挨拶をします。一人の店員がすると，陳列棚の整理をしたり，奥で仕事をしている店員までもが後を追いかけて挨拶をします。こうした様子をとらえて，コンビニ店員の挨拶を「山彦挨拶」と呼ぶことがあります。この挨拶については，店員同士の士気を高め緊張感を維持する，万引きを防止するなど，さまざまな理由づけがあります。お客の方からすると，どうせマニュアルに従って機械的にやっているのだろうとか，一人が挨拶してくれれば十分だ，といった意見も出てきます。

　こうしたマニュアル化された挨拶は，コミュニケーションとは程遠い，ひとりよがりの行為だと厳しく批判する研究者もいます。しかし，個々の店員の立場に立つと，必ずしもおざなりにやっているわけではなく，できるかぎり丁寧に，お

客と目を合わせて挨拶をしている店員も少なくありません。他方，ほとんどの客は（筆者の日常での観察結果からすると99％以上）山彦挨拶に応えませんが，これは，よく考えると不思議なことではないでしょうか。
　挨拶は，ホスピタリティの表現のなかでも，もっとも基本的で重要なものとされています。返事が期待されない挨拶が蔓延している日本は，はたしてホスピタリティのある社会でしょうか。この背景には，さきに示した客と従業員の上下関係を生み出している，資本主義下のサービス産業の構造がありますが，さらに，日本社会に固有のコミュニケーションの取り方があるものと考えられます。
　私たちの周りには，気配りや親切を促す文言が，まるで標語のように氾濫しています。電車，公園，病院，美術館など，公共性の高い空間では特にそうです。座席は詰め合わせて掛けましょう，ゴミは家に持ち帰りましょう，館内では小さな声で話しましょう……。これらの場所は，他人への気遣いを表わす親切なメッセージであふれ返っています。しかし，現実には，込み合う電車の中から無言で人を押しのけ降りようとする人，駐輪禁止の看板の目の前に堂々と自転車を置いていく人，所定の曜日・場所に分別してゴミを出さない人，などといった他者への配慮に欠ける身勝手な振る舞いがいたる所で見受けられます。そして，これらの事態に際して，面と向かって注意や苦言を呈する人はほとんどいません。
　こうした社会状況に対して，中島義道は，日本人は自分の言葉で他人にものを伝えるのが苦手で極力避けているのであり，他人とのコミュニケーションを直接とらない代わりに，社会的に権威づけられた親切なサインに頼って済ませているのだといいます。他方，企業や役所は，自らのサービスに関連して何か問題が生じれば「お客様」から責任を問われるため，あらかじめ多くの掲示や放送で注意や協力を促します。結局のところ，マニュアル化された義務的なメッセージは建前にすぎず，ほとんど誰もが本気で受け取りません。そして，あたかも雨や風と同じ自然現象であるかのように無視されてしまいます。
　ところが，こうした日本人も，ある状況下では，きわめて親切で気配りのきいた行動をとります。家族，友人，会社などの身内と認識している人びととの間では，まったく様相が異なるからです。満員電車の中で自分の座っている目の前に，会社の上司が偶然居合わせたならば，その人は即座に席を譲ろうとするでしょう。
　このように，日本では，身内や知人で構成される「世間」に属する人びとは，互いに親切で配慮に満ちた関係を作り上げています。集団内の強い同調圧力が働くにしても，そこにはホスピタリティが，とりあえず存在しているでしょう。しかし，知らない個人の集合にすぎず，建前の支配する「社会」では，気配りや心

遣いはひどく薄いもののように感じられます。つまり、人びとは場所や状況に応じてコミュニケーションの取り方を使い分け、ホスピタリティのある人間になったり、冷たい人間になったりしているのです。

3 おわりに

かつては、店を訪れる客は常連や顔なじみであることが多く、店員との間にある種の親密さや信頼がありました。今や、接客を含むサービス業は組織化、大規模化し、職業も性格も好みも分からない不特定多数の人を日々相手にしなければなりません。こうした希薄で不安定な人間関係は、社会のホスピタリティ化を推進する構造的な背景でもあります。しかし、もし、ホスピタリティがサービス業の場面で、店や従業員だけに求められ、客を満足させるものにとどまるならば、その社会的な意味は、さほどあるようには思われません。それどころか、善意に根ざして実行している接客の気配りも、客のわがままやコミュニケーション能力の低下に結びつき、「お客様」として扱われることに何の疑問も抱かない人を増やすとすれば、そこには大きな矛盾が生じているのではないでしょうか。

また、ここでは直接ふれませんでしたが、病院、福祉施設や地域など、幅広く社会の中で推奨されるホスピタリティの意味や働きにも注目すべきでしょう。そこでも、ホスピタリティは目の前にいる患者や来訪者のためという思いや行為としてあったはずなのに、いつのまにか組織の評価や地域の観光化のための手段へと転化してしまう可能性は否定できません。

ただし、誤解を避けるために付け加えると、筆者は、人間の平等を前提に互恵的な関係を築くための行動規範という理念が絶対に正しいホスピタリティなのに、現実には手段化された誤ったホスピタリティが、はびこっていると主張しているのではありません。そもそも、研究者、行政、各種協会などが唱えるホスピタリティは、現代社会の改善を目的に、ホスピタリティに関連する歴史的事象から抽出、再構成された概念であって、その意味では仮想の相対的な性格のものだからです。ホスピタリティは実体をもった普遍的な存在としてあるわけではなく、一定の社会的、歴史的条件のもとで現在進行の形で人びとの間に認識され、定着し、また、緊張や矛盾をはらみつつ変化を遂げていくものではないでしょうか。

🅐考えてみよう！
　コンビニの「山彦挨拶」と同じような現象は，どのようなところに見られるでしょうか。また，それはどのような背景や要因によって起きているのでしょうか。

🅐さらに興味がある人へ
　ホテル・レストラン・旅行等の業界団体，医療・介護組織，行政機関など，さまざまな立場からホスピタリティの普及啓蒙が唱えられています。これらのホームページを検索して，ホスピタリティがどのようにとらえられ，推奨されているのかを比較検証してみましょう。

【参考文献】
鴻上尚史（2009）『「空気」と「世間」』講談社
中島義道（2001）『騒音文化論——なぜ日本の街はこんなにうるさいのか』講談社
野口恵子（2004）『かなり気がかりな日本語』集英社
服部勝人（1996）『ホスピタリティ・マネジメント』丸善
福島文二郎（2011）『9割がバイトでも最高の感動が生まれる ディズニーのホスピタリティ』中経出版
ホックシールド A.R.／石川准・室伏亜希訳（2000）『管理される心——感情が商品になるとき』世界思想社
前田勇（2007）『現代観光とホスピタリティ』学文社
森真一（2001）『「お客様」がやかましい』筑摩書房

10章 都市農村交流の「鏡効果」とホスピタリティ

藤田武弘

1 はじめに

　現代社会における都市と農村の関係は新たな局面を迎えつつあります。グローバリゼーションが進展するもとで，都市での人間の生命活動に維持に必要な食料を身近な農村が生産するという本来的な物質代謝関係は，国境を越えた拡がりをみせるようになりました。その結果，自給農業から転換した大規模輸出型農業が環境や生態系に対する負荷を高めるなど，持続性・循環性に乏しい都市と農村との対立関係が地球規模で浮き彫りになっているともいえます。

　しかし一方で，注目すべき動きもみられます。それは，経済効率を優先するあまり切り離されてきた「食」と「農」との関係を回復させるための地域密着型（ローカリズム）の実践が世界各地で拡がりをみせていることです。とりわけ，日本においては，食の安全・安心の確保や食料自給率の向上に対する意識が高まるなか，「食」の土台をなす「農業・農村」に対する都市住民の関心・共感が拡がり，様々なタイプの農村活動（訪問）が見受けられるようになってきました。たとえば，産地直売所での新鮮な地場農産物の購入，地元食材を素材とする農家レストランでの食事，観光農園での各種収穫体験，市民農園での農作業，農家民泊での農業・農村体験や農家との交流などがそれです。しかも，それぞれに，「リピーター（反復的訪問者）」を獲得している場合が多く，受ける側も訪れる側も各々に一過性ではない継続的関係に発展しているものも少なくありません。

　観光分野において，農村を舞台とするこれらの動きはグリーン・ツーリズムと称され，従来型の大衆観光（「マスツーリズム」）に代わる新たな動き（「ニューツーリズム」）の一つとして注目されています。その特徴は，地域や人との繋がり（交流）を重視する点ですが，近年では産地直売所で地場農産物を購入する（生産者の顔がみえるモノを介した関係の構築）だけでなく，農家民泊などの機会に農業・農村体験を行う（農家での暮らしと心がみえるヒトとヒトとの関係の構築）など，交流の内容が豊かになってきました。

とりわけ，農家民泊については，農業・農村に関心を持つ大人だけではなく，学校教育の現場で体験型の学習機会を増やす傾向が強まったことから，農家に宿泊し農作業や農村暮らしを体験することのできる格好の機会として，体験教育旅行（修学旅行など）でのニーズが高まっているようです。ここで興味深いことは，民泊に取り組んだ農家・地域の多くが，受け入れに伴う「経済効果」はもちろんのこと，それのみでは決して図ることのできない「各種波及効果」があったと指摘していることです。

「ホスピタリティ（おもてなし）」については様々な捉え方がありますが，本章では「（もてなしを）提供する側と享受する側とが，対等・互恵の人間的な関係に立って，相互にもてなしの喜びを共有する精神性」と定義します。都市農村交流の「鏡効果」と言われる農家の"気づき"は，まさにホスピタリティに満ちた両者の関係性の中ではじめて実現するものと考えることができます。

本章では，戦後からの都市農村関係の変化を概観し，日本型グリーン・ツーリズムの特徴について述べます。そして「農家の暮らしと心がみえるヒトとヒトとの関係」を構築する機会である農家民泊を事例に，そこでのホスピタリティの在り様が，都市住民が感動や共感を享受するに留まらず，農家にとっても重要な内発的発展の機会を提供していることについて考えてみたいと思います。

2 都市農村交流の「鏡効果」とホスピタリティ

(1) 都市農村関係をめぐる変化

戦後の高度経済成長の過程で，農村では若年労働力が都市産業に包摂されるに伴って，1960年代から70年代前半には「人」の空洞化が進みました。さらには農村における都市化・工業化が進展し，世代交代期に農林地が荒廃するなど1980年代には「土地」の空洞化も拡がりました。その後，少子高齢化社会のもとで，都市と農村との格差は一段と拡がり，社会的共同生活を維持するために営まれてきた相互扶助的な集落機能（「むら」）の空洞化も進みました。いわゆる「限界集落」は，まさにこの延長線上に発生した問題です。しかし，最も深刻なのは，経済効率や合理性のみを追求する"国際分業論"などの考え方が世間に横行し，農村で暮らし，農業で生計を立てることに対する農家の「誇り」を奪い去ったことでした（図1）。「自分の子どもには農業は継がせたくない」など自らの生き様を卑下するような言葉をいったい誰が好んで口にしたことでしょうか。

しかし，近年になって，これまで対立的にのみ捉えられてきた都市と農村との関係に変化が起こっています。それは，食の安全・安心に対する不安や，食の

```
┌─────────────────────┬─────────────┬─────────────────────┐
│   高度経済成長期     │   低成長期   │    経済構造調整期    │
1960年        1970年        1980年        1990年        2000年
```

《人の空洞化》
《土地の空洞化》
《むらの空洞化》
《誇りの空洞化》

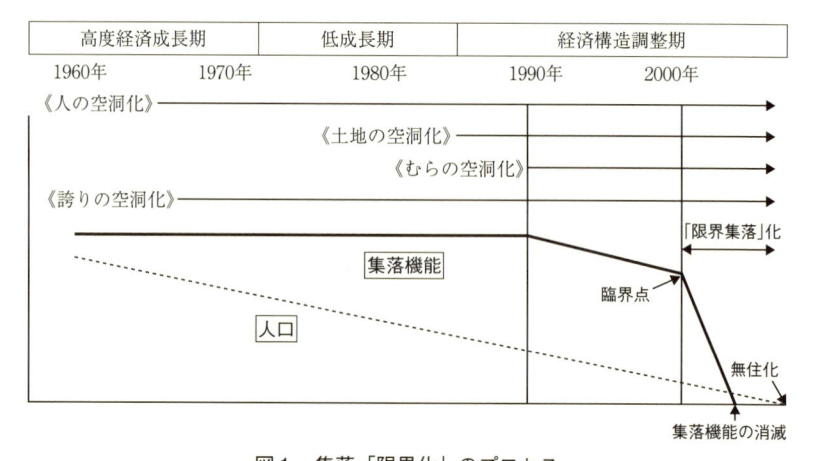

集落機能
臨界点
「限界集落」化
人口
無住化
集落機能の消滅

図1　集落「限界化」のプロセス
出典）小田切徳美『農山村再生』岩波書店，2009の図に加除修正

「簡便化・外部化」が進展するもとで拡がった「食」と「農」との乖離（農業・農村への関心の欠落）に直面した少なくない都市住民が，地産地消・スローフード・ロハス（Lifestyles Of Health And Sustainability）などの考え方や取り組みに共感し始めていることからも分かります。

　たとえば，地産地消の代表的取り組みである産地直売所は，都市からの数多くの「リピーター（週一回以上の利用者）」層に根強く支えられながら"顔のみえる"流通を媒介とした都市農村交流の拠点として全国的に成長しています。また，1970年代に拡がった生協産直などの産消提携運動も，スーパー主導による小売再編の過程で"産地偽装"等の大きな試練に立たされたとはいえ，現在も「交流・連携・協働」推進の重要な一翼を担っています。さらに，学校教育の現場でも，学校給食における地場産食材の導入など食育推進の気運が高まっているほか，「教育ファーム」や「子ども農山漁村交流プロジェクト」など各省庁が独自または連携して推進する体験型教育の機会が増加しており，参加児童はもちろん受入側の農村や参加側の学校教育の関係者に様々な波及効果を及ぼしています。

　また，都市農業や農地に求められる役割（食料供給，景観形成，防災等）や持続的な循環型社会を構築する上で不可欠な農業の役割（食品ゴミを堆肥化して土壌還元するなど"循環"を構築する）が浮き彫りになりつつあります。そして，これらの動きに呼応するように，農村固有の地域資源（自然・食・文化・伝統・慣習）に潜む価値を発見し，農村での暮らしに関心を寄せる都市住民が，若年世代にまで拡がっていることは見逃せません（内閣府「都市と農山漁村の共生・対流に関する意識調査」2005年）。

一方，農村の側でも，外部依存では決して解決しない地域の自立や主体形成の重要性を学び，都市側（住民・企業など）の力を活用して地域再生を図ることの有効性に気づき始めています。たとえば，都市近郊の農業・農村では，「宅地並み課税」の撤廃など都市農業の持続的な発展を目指した運動を通じて，市民農園への農地提供，朝市・直売所での農産物販売，学校給食への地場産食材の供給や農業祭への参加など，農業・農村に対する都市住民の理解醸成活動をはじめ食育視点に立った広範な都市との連携に取り組んできました。

　また，過疎化に直面した中山間（条件不利）地域の農業・農村においても，高度経済成長期に「三ちゃん（農業）」と称され，農村に残された"脆弱な"農業の担い手とされた農家の女性（かあちゃん）や高齢者（じいちゃん・ばあちゃん）が，いま加工・直売から着地型の農村ビジネスなど農業・農村の多角的事業展開の中核的な担い手として活動の幅を拡げていることに注目が集まっています。近年では，農家レストランの開設，棚田・果樹園等のオーナー制度の実施，体験教育旅行の受け皿としての農家民泊の導入，週末田舎暮らし志向に対応した滞在型市民農園の開設，農村への移住促進の契機となる農村ワーキングホリデーの導入など都市との様々な「交流・連携・協働」の取り組みを通じて，農家女性や高齢者が農村の"元気"を代表する存在となっている地域も少なくありません。

(2) 日本型グリーン・ツーリズムの特徴

　このように，都市と農村双方の動きが軌を一にしつつあるもとで，まさに"共生・対流"と呼ぶに相応しい新たな農村再生の可能性が拡がっています。そして，その推進力としての役割を期待されているのが，「グリーン・ツーリズム」と称する都市農村交流のあり方です（図2参照）。

　グリーン・ツーリズムは，「緑豊かな農山漁村地域において，その自然，文化，人々との交流を楽しむ滞在型の余暇活動」（農林水産省「グリーン・ツーリズム研究会・中間報告」1992年）と定義されています。元来，グリーン・ツーリズムは，農村固有の地域資源の存在が社会的共通資本として多くの人々に認知され，かつ長期有給休暇制度を活用した滞在型ツーリズムが広く普及している西欧諸国で発達した考え方です。しかし，有給休暇の取得が充分に制度化されていない日本でも，近年徐々にその考え方が認知され始めています。

　社会学者の青木辰司によれば，西欧社会におけるグリーン・ツーリズムとは「人々の個性的な自立的活動を基礎として，心身をリフレッシュする活動として広く人々のライフスタイルに浸透」したもので，「人々がたびたび田園地域を訪問することにより，その受け入れ先として（農村では）多様な"農的ビジネス"

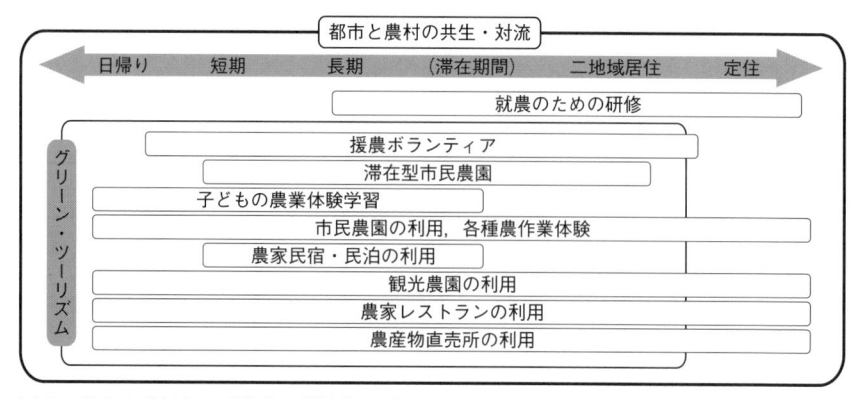

```
                    都市と農村の共生・対流
  ←日帰り    短期    長期  (滞在期間)  二地域居住    定住→
                     就農のための研修
  グ            援農ボランティア
  リ            滞在型市民農園
  ー        子どもの農業体験学習
  ン         市民農園の利用, 各種農作業体験
  ・          農家民宿・民泊の利用
  ツ            観光農園の利用
  ー           農家レストランの利用
  リ           農産物直売所の利用
  ズ
  ム
```

図2　都市と農村との「共生・対流」とグリーン・ツーリズムの役割　資料）農林水産省作成

が展開し，農村社会の活性化や経済のバランス良い発展」が実現しているとされています。一方，日本社会では「余暇文化の未成熟による勤労者の労働条件の相対的不利性，硬直的な規制による多様なビジネス展開の困難性，"ムラ意識"や集団主義がもたらす"横並び主義"による個性的活動の停滞といった，特殊な日本的阻害条件が根強く存在している」と対比しています。では，日本ではグリーン・ツーリズムが農村社会の再生に寄与することはできないのでしょうか。

　筆者はそう考えてはいません。見方を変えれば，日本の農村には小規模な家族経営農家が多く，「結（ゆい）」などの伝統的な集落共同体の相互扶助的な精神性も多様に受け継がれています。したがって，農業生産活動においては条件不利とされる中山間地域の「固有性（自然景観や地域資源の豊かさ，高齢者の知恵や集落内での人々の深い繋がりなど）」は，個性豊かで日本独自のグリーン・ツーリズムを展開する上での格好の条件とみることも可能です。長期にわたる農村での滞在は難しくとも「リピーター」を対象として小規模ではあるが身の丈に合った心の通いあう交流（ヒトとヒトとの繋がり）を実現しようとする点こそが，日本型グリーン・ツーリズムの特徴と言えるでしょう。

　前掲図から分かるように，日本型グリーン・ツーリズムには様々な形態がありますが，近年では産地直売所で地場農産物を購入する（生産者の顔がみえるモノを介した関係を構築する）というものから，農家民泊などの機会を通じて農業・農村体験や農家との交流を図る（農家での暮らしと心がみえるヒトとヒトとの関係を構築する）ものまで，都市農村交流のバリエーションは豊かになりました。

　以下では，農家民泊を事例に，「もてなし（農村での各種作業やありのままの生活体験，さらには農家との心の触れ合い）」を通じて，それを提供する側と享受する側とが対等・互恵の人間的な関係のもとで相互に喜びを共有するというホスピ

タリティの精神がいかに流れているのかについて見ておきたいと思います。

(3) 農家民泊の「効果」とホスピタリティ

　近年，農家に宿泊し農作業や農村暮らしを体験することのできる農家民泊の利用に対して期待が高まるなか，農山村の側でも受入体制の整備と併せて，民泊受入農家の拡大に取り組んでいます。そこでは，民泊開設時に必要な各種の法規制（旅館業法・食品衛生法）を緩和するための制度設計や，農家の初期投資軽減に資する支援充実など行政の役割も重要です。しかし，最も重要なのは農家民泊に取り組むことで，農家や地域がその先に何を目指そうとするのかについてのビジョンをはっきり持つことです。農村が農家民泊の受け入れに伴う各種の「経済効果」を期待すること自体は間違いではありませんが，目的がそれのみにとどまってしまうと，取り組みの持続性がうしなわれてしまうことも珍しくありません。

　ここで，農家民泊の受け入れに伴う「経済効果」を考えてみましょう。一般に，受入中間組織や旅行会社へ支払う手数料等を差し引いて，受入農家が受け取る費用（1泊2日＋半日体験料×2日）は一人当たりおよそ8,000円程度です。体験教育旅行による農家民泊の受け入れが全国最多の長野県飯田市の場合でも，一回の教育旅行の受入許容人数4名に登録農家の年間平均受入回数（8回）を乗じて算出すると，農家民泊による副収入は年間25.6万円に過ぎません。一方で，食材調達が農家同士のやり取りや地元商店で行われることに伴う地域内関連需要の増加，農業・自然体験プログラムの実施に伴うインストラクター需要に応じた地元雇用の創出などの地域経済へのメリットを考えると，農家民泊が農村の地域経済に及ぼす影響は決して小さくはありません。しかし，受入農家にとって，負担に見合うだけの経済的メリットのある事業かというと必ずしもそうとはいえません。では，なぜこの取り組みが全国の農村で拡がっているのでしょうか。

　それは，都市住民の受け入れを経験した農家の多くが，経済的なモノサシでは決して測ることのできない農家民泊の「効果」を感じているからです。たとえば，「体験教育旅行の受け入れをきっかけに，日常はあまり話をしない地元住民と話し合う機会が増えた」（地域コミュニティの活性化），「熱心に話を聞いてくれる子供たちは今度いつ来てくれるのかと年寄りが楽しみにしている」（高齢者の生き甲斐創出），「普段は"不便"としか感じない農村の暮らしや自給自足的な食生活を都会の人は"羨ましい"と感動してくれる」（農業・農村がもつ固有の価値に対する"気づき"）等々，農家民泊の「効果」を物語る声は枚挙にいとまがありません。とりわけ，最後に指摘した"気づき"は，都市農村交流の「鏡効果」とも言われており，高度経済成長の過程で農村が喪ったふるさとへの「誇り」を取

り戻すという意味において，これからの農村地域の再生手法を考える際の重要な手がかりを与えてくれます。

一方，実際に体験教育旅行に参加した児童の保護者・学校関係者からも，農家民泊は1～2泊程度の短期的な滞在期間とはいえ，農家の"暮らし"や"こころ"がみえる都会では得難い体験交流の場として総じて高い評価が寄せられています。さらに，受入地域と学校側とが連携して，事前・事後の教科学習との接続が充分に図られる場合には，農村での体験学習がさらに高い教育効果を発揮するなどの事例も報告されています。このように，農家民泊は，長期滞在が一般的とはいえ「Ｂ＆Ｂ（寝床と朝食のみ提供）」あるいは「Self Catering（自家炊事）」を基本とする西欧諸国でのファームステイと比較しても，日本独特の交流スタイルであることが分かります。

ところで，先に指摘した農家の"気づき"はどうして生まれたのでしょうか。それは，農村でのありのままの日常生活を体験してもらうという"普段着のもてなし"が，宿泊した都市住民の心に感動を与えたことがきっかけとなっています。その結果として，日頃の暮らしの中ではなかなか実感することのない「ふるさとの価値（たとえば，豊かな自然環境，高い食料自給率，相互扶助的な人的繋がりなど）」に農家が改めて思いを馳せる（気づく）ことに繋がっていくのです。

都市農村交流の取り組みが未成熟であった当初，各地の農村に「交流疲れ」という現象が拡がりました。都市住民のニーズに応えようとするあまりに，農村の日常生活とはおよそかけ離れた「農業・自然体験プログラム」を多数準備するなど，ともすれば"過剰接待"ともいうべき一方通行のサービス提供に農家が辟易してしまったのです。実際に，数年を経過して「（都市農村交流を通じて）自分たちや地域に何が残ったのか」に疑問を感じ，交流活動を停滞または中止するなどの事態に追い込まれた農村も少なくありませんでした。

最近の都市農村関係は，農村の側が身の丈を超えた（ありのままではない）もてなしを提供することで，都市住民に「農村に来てもらう・魅力を感じてもらう」という媚びへつらった一方通行の関係ではありません。農村での各種作業や生活体験，さらには農家の普段通りのもてなしを通じて，提供する側と享受する側とが対等・互恵の人間的な関係のもとで相互に喜びを共有するという精神性（ホスピタリティ）が息づいた関係として，今後の展開を注目したいと思います。

3 おわりに

都市農村交流に関する国の施策は，グローバリゼーションの進展や国際的な経

済構造調整政策のもとでの輸入自由化の促進，バブル崩壊による「民活型」大規模リゾート開発の破綻などの下で，生産機能の低下や集落機能の後退に直面した農村における地域政策の一環として，官主導で展開してきました。しかし，地域資源を有効活用した新たな農村ビジネスの創出や農村に対する国民的な理解醸成，さらには農村の住民に対して都市住民との「交流・連携・協働」の方向に農村地域再生の活路を見出そうとする機会を提供したことは注目すべきでしょう。

いま，農業・農村への関心の高まりとともに，農村が若者から団塊世代まで多様なUJIターン者を実際に受け入れつつあります。もちろん，高齢化で減少する農業従事者を補填する規模のものではありませんが，これまで一方通行であった人の流れが，都市農村交流の多様な展開のなかで確実に変わり始めています。過疎対策の大転換（ハコモノからヒトへ）のなかで導入された「地域おこし協力隊」や「田舎で働き隊」に参加した若者の受入先農村への高い定着率は，交流を柱とする農業・農村の新たな担い手創出の可能性を示唆しています。

また，それらの動きは都市部へと他出した農家の後継者たちにも着実に波紋を拡げています。大規模専業農家にではなく，小規模でも都市農村交流に関わることで"親の背中の輝き"を取り戻した農家に他出した後継者が戻りつつあるという長野県飯田市の実績はいかにも象徴的です。

---

⑦考えてみよう！
マスツーリズムとニューツーリズムとにおけるホスピタリティの違いについて考えてみよう。若者の「農業・農村志向」の背景にはどのような理由があるか考えてみよう。

⑦さらに興味のある人へ
戦後の経済政策の展開過程で，農林漁業などの第一次産業がいかに位置づけられてきたか，またそのなかで都市農村交流施策がどのような意味を持ったかについて，農林水産省のホームページや農業経済学などの専門書などを検索して調べてみることをお勧めします。

【参考文献】
青木辰司（2010）『転換するグリーン・ツーリズム』学芸出版社
井上和衛（2002）『ライフスタイルの変化とグリーン・ツーリズム』筑波書房
小田切徳美（2009）『農山村再生』岩波書店
橋本卓爾・山田良治・藤田武弘・大西敏夫編（2011）『都市と農村』日本経済評論社
藤田武弘（2012）「グリーン・ツーリズムによる地域農業・農村再生の可能性」『農業市場研究』No.21-3, pp.24-36

11章 東日本大震災の被災地とツーリズム

大森信治郎

1 はじめに

　「観光」や「ツーリズム」あるいは「ホスピタリティ」という言葉には「災害」「震災」という言葉とは全く相反するイメージがあります。前者は明るく，楽しく平和で幸福なイメージをともなっているのに対して，後者は暗く，悲しい出来事を連想させます。しかし両極の世界を表すようなこれらの二つの語群の言葉は実は互いに深く関連しています。

　第二次世界大戦後アメリカはヨーロッパの経済復興援助の一環として，アメリカ人のヨーロッパへの観光を奨励しました。日本においても戦後，観光による外貨収入獲得を企図して，国際観光ホテル整備法が制定されるなどの動きがありました。これらのことは観光が戦災や災害の復興に大きな役割を果たしていることを示す代表的な例と言えます。またホスピタリティは「他者に対するいたわりの気持ち」によって成立するものであり，被災地においてはまさにこの精神が人々の援助活動を支えています。

　東日本大震災が東日本の太平洋沿岸にもたらした人的，物理的，経済的，社会的なダメージは甚大で，震災直後から被災地の人々は多くの困難に直面することとなりました。人々は「暖（住）」「食」「水」「情報」という基本的生活条件を欠いた極度に過酷な状況に何の予告もなく突然投げ込まれたのです。そして近親者を失った人々は深く拭い難い悲しみを同時に背負うこととなりました。こうした状況から立ち直り復興に向けた歩みを進めるための力を「ホスピタリティ」が与え，地域の経済復興に「観光」や「ツーリズム」が大きな役割を果たすことが期待されているのです。

　本章では，東日本大震災の状況をふまえて，「被災地における"ホスピタリティ"の構造」を明らかにするとともに，被災地とツーリズムをめぐる諸問題を整理しながら，復興に向けた観光やツーリズムの可能性について考えます。

2　被災地とツーリズム

(1) 被災地におけるホスピタリティの構造

　震災後の半年あまりの被災地の状況は本来の意味での"ホスピタリティ"が行き交う場であったと言えます。ホスピタリティは一般的には，客や他者の歓待，もてなしの精神，として用いられますが，前田は「『他者を歓待する』という精神とそれを表現した行為の総称」と定義しています。「歓待」や「もてなし」という言葉は旅人や他者に対して「プラス要素をより高めようとする行為や精神」として用いられますが，被災地における支援や救援のような「マイナスを克服する」「状況におけるマイナスを減ずる」ための手助け行為やそれを支える精神にも同様の価値観を見出すことができます。ホスピタリティの語源を遡れば，被災地の支援・救援の活動やその精神はホスピタリティそのものだと言えるのです。

　前田はまた，本来の意味でのホスピタリティの基本的性格として，①特定の行為を意味していないこと，②自発性に基づくものであること，③無償性のものであること，④担い手は庶民であること，⑤ホスピタリティを支える規範が存在すること，の5つを挙げています。これらの点は被災地におけるボランティアをはじめとした来訪者と被災者との相互の関係にそのまま当てはまります。

　一般には訪れる側がホスピタリティの受け手になるわけですが，被災地におけるボランティアのような場合には，訪れる側がホスピテリティ提供者としての役割を担います。筆者は，被災地でのボランティアと被災者とのやり取りの中で遠来のボランティアの活動に対して何とか感謝の気持ちを表したいと考えた被災者が，限られた食材を工夫してボランティアの人々に食事を振舞うというような場面に数多く出会いました。これはまさにホスピタリティの交換の場面と言えます。被災地は実は一面において行為する側と受ける側が入れ替わるツーウェイのホスピタリティの実践の場であったと考えることができます。(図1の①②)

　被災地にはボランティアの他，実に多様な来訪者がやって来ました。公的救助救援のための人々，炊き出しなどの民間の支援団体の人々，個人的お見舞いの人々，視察・研修の人々，調査研究の人々，等など多種多様な人々が被災地を訪れます。被災地のホスピタリティの構造は，基本的にこうした来訪者と地域住民（被災者）との二者関係で理解することができます。一方，地域内では被災者とそれを受け入れる役割を担う側（避難所など）の分化が生じます。災害時における観光産業の役割の重要性についてはすでにいくつかの指摘がなされていますが，特に地域の宿泊業が地域住民の避難所として果たす役割は大きなものがあり

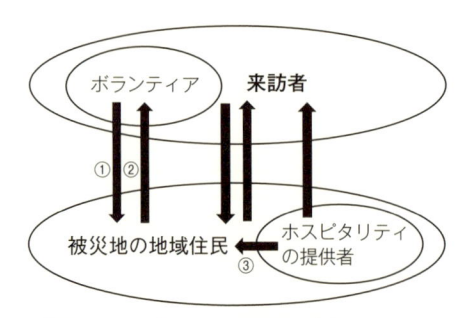

ます（図1の③）。たとえば石巻グランドホテルは震災当日から多くの避難者を受け入れ被災者の保護救援に大きな貢献をしました。

こうした災害時のホスピタリティの構造の背景として，被災者の側の来訪者に対する受容力等について理解する必要があります。震災直後は被災者の「緊張感」は極度に高まり，他者に対する受容力が失われます。被災地を訪れる人々に対して「人の不幸を見世物にするのか」という憤りの感情が現れることもみられましたが，こうした感情は時間とともに低減する傾向があります。基本的生活条件が欠損した段階から，生存を確保し生活を向上させていく過程の中での被災者の「緊張感」が徐々に解けてくるからですが，そのためには2つの条件が必要です。①基本的な欲求の充足，と②生活の展望の確立です。①については基本的欲求の充足にともなって一方では被災者の支援に対する要求も変化し，支援物資などに対する要求水準が高まります。また②については心理学における不確定性（uncertainty）の概念が示す通り，情報量と対照的な意味を持つ不確定性が高まっている状況では，人々は予期不可能な状態に置かれてストレスが高まります。生活の展望が開けるに従って不確定性は低減し，緊張感も弱まると考えられるのです。

図2は緊張感の大きさと支援への要求水準および，及び来訪者に対する受容力の関係を示しています。つまり，上記2つの要件が時間の経過とともに順次満たされて行き，緊張感が低減するに従って，一方では支援物資をはじめとする生活全般（ホスピタリティも含む）についての要求水準は上昇して行きます。またさまざまな来訪者を受け入れる受容力が高まる（回復する）と考えられます。

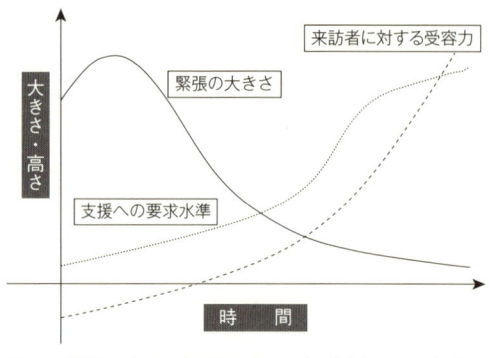

図1 被災地におけるホスピタリティの構造

➡ 印はホスピタリティの提供の方向
ホスピタリティの提供者の例としては，観光産業（宿泊業）やボランティアガイドなど。

図2 被災者心理（緊張の大きさ）支援への要求水準

一般に被災地においては，

平常の場面と比べて大変劣悪な物理的条件の下にホスピタリティの提供が行われ，そして時に来訪者と被災者の間で提供と受容の立場が入れ替わり，地域の中ではホスピタリティの役割分化が発生します。さらに時間の経過とともに被災者の側の「緊張感」が変化し，それに伴って支援などに対する要求水準や来訪者受け入れの受容力も変化することになります。

(2) 復旧・復興の段階と（被災者の状況と特徴的来訪者）

震災後約1年の間について，被災者の状況に注目してその復旧・復興の過程を考えると，概ね4つの段階に分けて理解することができます。そして4つの段階それぞれに特徴的な来訪者を指摘することができ，そのことは，それぞれの時期のもうひとつの特徴を表しています。

第1期は，前述の「暖」「食」「水」「情報」等の基本的生活要件が満たされるまでの最初の約10日間で「生存の確保の時期」にあたり，サバイバルの時期と言えます。被災者にとっては最も苦しく緊張感が極端に高くなる時期です。この時期の特徴的な来訪者は自衛隊の救援とメディアの人々です。自衛隊の到着と救助救援活動は「これで何とかなる」という「安堵感」（緊張感の解除）をもたらし，海外をはじめとした多くのメディアの取材陣の来訪は，震災が世界的な関心事（被写体）になっていることを否応なく被災者に認識させました。

第2期は1ヵ月目までの「生活の確保の時期」で，ライフラインの復旧がある程度は進み，必要最低限の生活が可能になります。象徴的には被災者の多くが何らかの形でようやく入浴可能になったことで，衛生上の改善も進んできます。またこの時期の最も特徴的なことは大勢の使命感の高いボランティアの人々（ここでは「ミッション系ボランティア」と呼ぶ。）が訪れ復旧に大きな役割を果たし始めることでした（図3参照）。その一方では単なる野次馬的な被災地見物の訪問者も散見されるようになり，被災者の反感をかうこともみられました。

続く第3期は3ヵ月目までの「生計の確保の時期」です。震災で多くの人々が職場を失いますが，この時期に入るとやや経済的な見通しがつくようになり，失業保険，金融の支払い猶予，義捐金の支給などがあり，当面の生活の見通しが立ち始めます。芸能人をはじめとする各種の慰問活動も盛んになります。この時期になるとボランティアの性格が多様化し，「ツーリスト系」とでも言うべきボランティアが現れるようになり，続く第4期にはこれが本格化します。

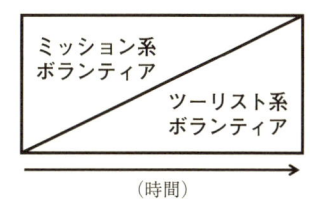

図3　ボランティアの類型と時間経過

表1　被災者心理と特徴的来訪者による震災後1年の段階

段階	第1期	第2期	第3期	第4期
名称	生存の確保	生活の確保	生計の確保	生業の確保
時間	～10日目	～1ヵ月目	～3ヵ月目	～1年～
特徴的来訪者	自衛隊 メディア関係者	ミッション系 ボランティア 野次馬	ツーリスト系 ボランティア 政治的視察	視察団 調査研究者 ツーリスト
特徴的来訪者の 意図・目的・動機	救助・救援 報道 支援活動	支援活動 炊き出し 義捐金・支援物資の運送・配布 好奇心	支援活動 慰問活動 視察	支援活動 視察・調査 旅行・学習 自己啓発
特徴的来訪者に対する 受入側の心理	感謝・安堵感 不安	感謝 不快	感謝・不満 疲労	感謝・関心の低下 批判
来訪者と受入側の緊張関係	非常に高い	高い	低下する	さらに低下する

さらに政治家の被災地視察などが増え，被災者の緊張感の低下も相まっていわゆる政治に対する「不満」の声も高まります。緊張を強いられる生活が長く続いた後で人々の「疲れ」が次第に表面化してきます。3ヵ月過ぎから1年後までの9ヵ月は，被災者の多くが復興復旧の過程が長期に及ぶことを覚悟し，中小零細の地元事業者が事業の再開の目処を段階的に付けていく時期にあたります。背景には各種の補助金の制度化とその広報が進んだこともあります。いくつかの補助金の申請者に交付決定がなされ，地域の産業復興がようやくその緒につきます。この第4の時期を「生業の確保の時期」と呼んでおきます。仮設住宅の建設・入居が進み，被災者は一時避難的な生活環境から，長期的な住居環境へ移行します。来訪者も多様化し，視察団や各分野から多くの研究者，企業等の研修，一度被災地を自分の目で見ておきたいという言わば「自己啓発型のツーリスト」も多く来訪し，第2期に現れて地元から批判された「野次馬型の訪問者」は相対的に減少します。

(3) 被災地の復興とツーリズムに関する諸問題

被災地には多様な，しかも従来にないほどの来訪者の流入がありました。こうした流入現象をここでは「復興ツーリズム」と呼んでおきます。この復興ツーリズムに関連した問題をここで整理しておきます。

1)　観光インフラの消失………震災によって地域の観光資源を中心とした観光インフラは壊滅的な被害を受けました。海岸線などの水際に近い場所に設置していた各種ミュージアムなどの観光施設はほとんどが津波によって失われました。また同時に松原などの自然観光資源の多くも失われました。さらに道路は復旧した

ものの，JRをはじめとした公共交通機関のインフラは路線や運送システムの変更を余儀なくされたところも多く，復旧までには多くの時間を要します。宿泊のインフラの消失による絶対量の不足は長期的に続き，来訪者はもとより急増した復旧・復興の工事関係者のための宿泊施設の確保が困難を極めました。

こうした状況は，観光関係施設の復旧を不要不急のものと考える傾向と相まって，「観光による被災地の復興」という取り組みの障害となります。

2）ツーリズムによる地域振興に対する「認識」の問題……被災地域は一種の「経済保護区」のような状態に置かれます。義捐金の支給，補助金の制度化，金融における返済の猶予などにより通常の経済の回転が一時止まった状況になります。さらに被災地復旧のための建設工事をはじめとする需要が発生し，復興特需などと言われる状況が一時現れます。しかし，沿岸地区の観光の魅力を作り出してきた漁業はまさに壊滅的な被害を受けており，その回復には相当な時間を要します。また従来の立地企業が拠点を他地域に移したり，定住人口の流失が急激に進みます。工事関係者などの一時的増加や復興需要が高まる一方で本来の地域の担い手である人や企業が確実に失われています。そして復興需要の引き潮が始まると，街の復旧は果たしたが，きれいに整ったまちに企業も人もいないという状況がやってくる可能性があります。1993年に北海道南西沖地震による津波に襲われた奥尻島は震災10年後まで入島者数は増え続けましたが，10年後から入り込みは急速な減少に転じました。一時的な復興需要に目を向けるだけでなく，ツーリズムによる被災地の復興を長期的に考えることが必要なのです。

3）「祈りの場」の必要性……多様な来訪者に共通した「想い」は，犠牲者を追悼したいという「祈る」気持ちであると言えます。したがって，被災地ではそうした「想い」を受け止めるための「場」を設定しておく必要があります。こうした場は，来訪者の気持ちを表現し，来訪者の行動を"好ましい"方向へと誘導するための空間として，さらに被災者感情を和らげる場として，重要な機能を持つと考えられます。

こうした場は被災地の各地に自然発生的に出現します。南三陸町の防災対策庁舎，石巻市の「がんばろう！　石巻」の看板，陸前高田の奇跡の一本松，など多くの被災地に祈りを捧げる場が出来上がっています。公的な機関がこのような祈りの気持ちを示すことのできる場を設けることが求められます。

ホスピタリティの精神は何かを媒介として表現されます。それは食事や水であったり，眠る場所であったり，笑顔やしぐさであったり，様式化された行為であったりします。ホスピタリティの精神が他者に対するいたわりの気持ちをその根底に持つとするならば，「祈る」という行為や「祈りの場」もホスピタリティ

の媒介であると考えられます。

4) **観光資源としての震災遺構**……震災と津波は膨大な面積の地域に悲惨な爪痕を残しました。この中でも人々の注目を集める対象物，たとえば公共施設の屋上のバスや打ち上げられた大型船などについて，そのモニュメント化の問題がしばしば議論されます。広島の原爆ドームの例を引くまでもなく，戦災や災害遺構が長い年月のうちに観光資源化する事例は多くあります。地域の歴史的遺産として残すべきだという意見と，津波の記憶を呼び戻すので早く撤去すべきだという意見の対立が見られます。早い段階では撤去の決断がくだされる傾向にありますが，時間の経過とともに保存を望む声が多くなります。地域にとっても防災教育上も貴重な歴史的遺構であり，資源であるので，被災者の感情に十分配慮しながら，ある程度の冷却期間をおいて慎重に議論する必要があると考えられます。

5) **地域イメージの変容**……震災直後から，膨大な被災地情報が日本国内はもとより全世界に流れました。テレビ，ラジオ，新聞，インターネット，などの速報性のあるメディアから，雑誌，写真集，単行本，などにいたるまで，しばらくの間のメディアは震災報道一色に塗りつぶされました。この結果として観光に2つの異なった影響がみられるようになります。ひとつは原発事故に関連して，東北地方への観光・旅行を手控える傾向が現れることです。根拠のない風評による被害も含めて，このことは社会・経済的な大きな問題となりました。

　もう一つ，ここでより重要な問題と考えられるのは，被災地の地域イメージの劇的変容です。観光にとってイメージが大変大きな役割を果たすことについては多くの指摘があります。被災地の情報が繰り返し報道されることによって，あまり認知度の高くなかった地域がその認知度を飛躍的に高めることになりました。さらにその認知のあり方は従来とは全く異なる「被災地」としての強い印象をともなうものでした。そして報道の内容は，時間経過とともに当初の「被害の大きさ」を伝えるものから，徐々にストーリー性を含んだ「人々の生活」や「人物」に焦点を当てるものに変化していきます。こうして被災地の新しいイメージがつくりだされることになります。

　このことは，実は決してマイナスの側面だけをもつ問題ではありません。強い印象を与えるイメージが多くの人々に認知されることは，当該地域にとっては無形の資産であると考えられます。これを有効に活用することが必要なのです。

3　おわりに　被災者と来訪者のコミュニケーションの重要性

　被災地におけるホスピタリティを考えるにあたって，ボランティアをはじめと

する来訪者と被災者のコミュニケーションは重要な問題を含んでいます。つまり両者間にある程度のコミュニケーションの回路を用意しておく必要があるということです。たとえば，ボランティアが現地に行ってただ黙々と瓦礫の処理を行ってそのまま帰ってきた場合と，現地の人との交流があった場合とでは，ボランティアの人々の「満足感」に明らかに違いが出ることが分かっています。具体的には，被災者がボランティアに感謝の意をきちんと伝えることによってその充実感を支え，ボランティアの被災地に対する理解と「ファン化」を図るということがあげられます。

被災地における「語り部ツアー」に参加する人も多く，現地の人から直接震災当時の話を聞くことができるのが人気を呼んでいます。宮城県石巻でも観光ボランティア協会の方々が2011年の8月から「東日本大震災学びの案内」として来訪者に案内をはじめましたが，その後徐々に案内件数が増え，震災後1周年を迎えた2012年の3月からは申し込みが急増し案内実績は飛躍的に伸びました。

本章では，被災地におけるホスピタリティや復興とツーリズムをめぐる問題について述べてきましたが，被災地では訪れる者と現地の人々の間でホスピタリティの交換が行われており，そこでは両者の直接的コミュニケーションが重要な役割を担っていることを認識することが必要なのです。

📖 **考えてみよう！**
　震災の遺構は保存すべきか，それとも解体撤去すべきか？　その理由を述べて下さい。
　被災地のイメージを活かすにはどのような方法が考えられると思いますか？

📖 **さらに興味のある人へ**
　ホスピタリティやサービスに関する心理学的なアプローチに興味のある人は，前田勇『観光とサービスの心理学——観光行動学序説』（学文社）を読まれることをお勧めします。

参考文献
大森信治郎（2011）「ボランティアツアーで被災地を支援」『トラベル・ジャーナル』2011.8.8号
―――（2012）「震災復興とツーリズム『ボランティアツアー』」『季刊ECOツーリズム』55号
後藤宗徳（2012）「震災時における宿泊業の役割」『観光研究』Vol.24 No.1
外山大作ほか（1981）『心理学辞典』誠信書房
前田勇（2007）『現代観光とホスピタリティ』学文社
―――（2010）『現代観光総論』学文社
古畑和孝編（1994）『社会心理学小辞典』有斐閣

12章 ボランティアとホスピタリティ

加藤久美

1 ボランティアとは

「ボランティア volunteer」とは、ラテン語 volō（意志、願い）、volitiō（意志）を起源とする volition（意志、意欲）に基づく英語で、「志願する、自発的に行う（動詞）」または「それをする人（名詞）」を意味します。「ボランティア」はもともと「軍隊への自主的志願」という意味で使われたとされますが、現在は広く一般市民による地域、社会貢献活動を指します。

文科省、生涯学習審議会の定義によると、ボランティア活動とは「個人の自由意思に基づき、その技能や時間を進んで提供し、社会に貢献すること」、また、その基本的理念は、「自発（自由意思）性、無償（無給）性、公共（公益）性、先駆（開発、発展）性にある」、とされています。行動を起こすきっかけは「あるニーズ」、その必要性や緊急性を感じることですが、それがいつどのように、どのような行動に発展するかは社会的、個人的な状況によるといえます。そのような強いニーズは、社会福祉、社会正義などに関するもので、その多くは長期的な計画、継続、展望を要するため、ある程度組織立った取り組みが必要になります。また、誰もがボランティアに関わることができますが、時間的制約などから週末や休暇など労働時間外の活動、または、学生やシルバーボランティアというように労働人口以外が活躍する場合も多いといえます。

公共（公益）のための自発的な、組織立った活動の身近な例としては、日本にある、町内会、自治会、消防団、青年会など、「地縁に基づく組織が自主的に互いを助け合う」仕組みがあげられます。同じような理念は他の文化、社会にも見られ、たとえば、ノルウェー語の *Dugnad*（清掃など地域共同作業）やアラビア語の تطوع (tatawa'a 何かを寄付すること)、南部アフリカで使われる *Ubuntu*（地域社会の一員）というようなことばです。南アフリカをアパルトヘイト体制から民主化に導き、ノーベル平和賞を受けたネルソン・マンデラのことばによると、*Ubuntu* は、「見知らぬ旅人に、ひとときの休息の場、食べ物、飲み物を分け与え

るなど『歓待の心』，もっと広くは，コミュニティー全体が向上するために，自分でできることは何か進んで考えること」とされています（国連ボランティアプログラム 2011より）。他の人々に「歓待やもてなしを提供する」だけでなく，「人と人とのよりよいつながりや関係を生み出す」ことには，社会正義や人権，平和などの，普遍的な規範が根底にみられます。これは「ホスピタリティ」の基本理念と明らかに共有するものです。また，ホスピタリティは，通常受け入れる側から訪問者に対して提供されますが，ボランティア活動においてはその立場が逆になります。つまりボランティア活動は，訪問者が受け入れてくれる活動地域や地域の人々にホスピタリティーを提供する行動と捉えられます。

2011年3月11日の「東日本大震災」では，行動を起こすニーズの必要性，緊急性を全国民，全世界が感じました。同時に，多くの人が一刻も早く何かをしたいと思いながらも，それを即座に行動に移すことができない状況もありました。また，長い復興の過程の道のりでは変わりゆくニーズへの長期的対応も求められています。被災地でのボランティア活動は，がれき撤去や清掃等の作業そのものだけでなく，それを通じて表される「思いやり，いたわりの気持ち，寄り添う，共有する」精神，「復興という公益」の共有活動であるといえます。

ここでは震災からの復興支援ボランティア活動，中でも大学生による活動を例に，「自発的，無償」であるボランティア活動の従事者（ホスピタリティ提供者）にとっての意義を考えていきます。それは，「ホスピタリティーのある社会」について考えることでもあります。

2　ボランティア活動

上に見たようにボランティア活動は社会福祉，社会正義などの「公益」を目的としますが，その主なものとしては次のような活動があげられます。

* ＊社会福祉向上，社会的弱者支援（障害者，お年寄り，ホームレス，ひきこもり学童，生徒の支援）
* ＊途上国支援（貧困解決，健康，教育の向上，経済発展）
* ＊難民支援，紛争地域における福祉，医療
* ＊環境ボランティア（生態調査，動物レスキュー・保護，棲息区域整備，渡り・回遊動物調査，清掃，植林，森林管理など。棚田，農耕地整備，放棄農耕地，放置林，民家再生など，日本の山村地域での高齢化や過疎化をうけ，農村都市交流を推進する仕組みとしてのボランティア活動もある。）

ボランティア活動には国際的活動も多く，学生や若者の海外ボランティアを支援する国際団体も多数あります。コミュニティー支援，幼少年福祉，教育，環境保全，野生動物保護などのプログラムを世界各国で実施しており，国によっては活動を大学の単位として認めている場合もあります。他にも，ワーキングホリデー制度やWWOOF（World Wide Opportunities on Organic Farms）など，若者の長期滞在型ボランティア活動を支援する世界的ネットワークもあります。

　また，組織立った活動で，医療，建設，教育，ITなどの専門性を生かし，社会福祉活動に従事する「専門ボランティア制度」もあり，その多くは活動費，生活費をある程度保証しています。専門を生かした国際的社会活動機関として二団体を紹介します。

◆国境なき医師団 Médicines Sans Frontières（MSF）：1971年フランスの医師団によって設立された国際NGOで，現在19ヵ国に支部を持ち，約4700人が70ヵ国で活動している。日本支部は1990年に設立。その目的は「苦境にある人びと，天災，人災，・武力紛争の被災者に対し・人種，宗教，信条，政治的な関わりを超えて・差別することなく援助を提供する」こととし，また，そのボランティアは「その任務の危険を認識し・国境なき医師団が提供できる以外には・自らに対していかなる補償も求めない」（MSF憲章より）としている。1999年ノーベル平和賞を受賞。

◆JICAボランティア：1965年に始まった日本政府のODA（政府開発援助）として，国際協力機構（JICA）が実施する事業で，青年（20～39才），シニア（40～69才）ボランティアを途上国に二年（または短期）派遣する。活動分野は「計画・行政，農林水産，人的資源，保健・医療，社会福祉」など多岐にわたり，「開発途上国からの要請（ニーズ）に基づき，それに見合った技術・知識・経験を持ち，「開発途上国の人々のために生かしたい」と望む人々を募集し，選考する。2012年は約2700名が79ヵ国で活動中。

（1）災害ボランティア

　日本では，サンフランシスコで起こったロマ・プリータ地震（1989年）の災害支援活動に大学生38人が携わったのが最初の海外災害支援活動とされます。その後，1995年の阪神淡路大震災では，「各種のボランティア活動及び住民の自発的な防災活動についての防災上の重要性が広く認識されたこと」をもとに，「防災基本計画」が改訂され，「防災ボランティア活動の環境整備」及び「ボランティアの受入れ」に関する項目が設けられました。それを受け，同年12月には「防災ボランティアの日（1月17日）」「防災ボランティア週間（1月15～21日）」が制定され，さらに，「災害対策基本法」が改正され，国，地方公共団体は「ボランティ

アによる防災活動の環境の整備に関する事項」の実施に努めることが法律上規定されました。地縁の強い日本社会では，外部者による地域活動は定着しにくいとされてきましたが，市民ボランティア活動の浸透は，震災が起こした一つの大きな「動き」であるといえます。

　スマトラ沖地震（2004年），ハリケーン・カトリーナ（2005年）など，近年の一連の災害でも，その被害の甚大さとともに，復興に大きな役割を果たす市民ボランティアの力が注目されるようになってきています。

(2) 東日本大震災におけるボランティア活動

　東日本大震災では，原発やエネルギー政策に関して積極的に考えたり，集会に参加するだけでなく，日常生活の中での自粛，支援物資の送付，寄付，被災者の各地域での受け入れなど，人々の心が動かされ様々な行動がなされました。実際に被災地入りしたボランティアの数も，今年6月までの累計で百万人を超えたとされます。これは，社協（社会福祉協議会）への登録人数なので，実際にはもっと多くの方が現地入りしていると考えられます。震災直後から各地にボランティアセンター（VC）が立ち上がり，ボランティアの受け入れとその活動の管理が行われ，物資の提供や被災状況の把握をすすめました。VCのほとんどは公民館や閉校した学校などを利用したもので，人口減少で使われなくなった施設が活用される結果となりました。海外からの支援も多く，支援隊派遣（17ヵ国），支援物資（63ヵ国），寄付（93ヵ国）が寄せられました。支援物資の主なものとしては，食料，燃料，生活必需品，懐中電灯，毛布，寝袋，放射能測定器などで，姉妹都市や姉妹校などの提携や歴史的繋がりを通したものが多くありました。それぞれ，普遍的な福祉を取り戻す必要性を理解し，思いやる，いたわる気持ち，というホスピタリティが様々な形で表現，提供されました。

(3) 大学生ボランティア活動

　被災地では，多くの大学生がイニシアチブを取りました。東北大学「HARU」，岩手県立大学「いわてGINGA-NET」は，学生自身や家族，友人が被災しながらも支援システムを立ち上げ，後に他からのボランティアを受け入れるまでになりました。特に東北大学では校舎の損壊，学期の短縮など，厳しい状況にありながらも「他の人には任せてはいけない義務だと思う」と，多くの在学生が勉強の時間を割いて活動を続けていました。

　被災地からはかなり遠く，沿岸地域の水位上昇を除けば大きな影響はなかった和歌山大学でも，学生が「フォワード」というボランティアグループを立ち上

げ，2011年8月に2便のボランティアバスを出すに至りました。最初からグループを立ち上げたのではなく，震災翌日数人の学生が街頭募金に立ったことから始まりました。その学生たちはまず「何かをしなければ」という一心だった，と言います。その後，和歌山県社会福祉協議会がボランティア派遣バスの運行を始めたのが4月初旬でした。これは9月の紀南豪雨に向けた便まで，12便が運行され，のべ110人が参加しました。学生の数名がこの「社協ボランティアバス」に参加し，その経験を生かして夏休みにボランティアバスを運行して欲しい旨を和歌山大学に伝えた結果，大学はお盆明けから8月末にかけて被災地へのバスを2便手配しました。募集人員は各25人で，説明会当日から数日で定員に達しました。学生は全学年（大学院含む），全学部に渡りました。バス経費は大学が負担し，装備（長靴，レインコート，手袋，作業着），食費，入浴代は参加者の自己負担で，現地2泊に加え，往復のバス車中で2泊の，4泊5日の行程で行われました。

活動地域となった岩手県陸前高田市小友町新田地区は，市の北部広田半島の付根に位置します。陸前高田市では15mの津波が内陸約7kmにも及び，また名勝指定されている高田松原では七万本の松林の一本のみが残り「奇跡の一本松」として復興のシンボルともなりました。小友町では，集落が二方向からの津波に巻き込まれ，大船渡線の鉄道駅（小友）も跡形もない状態でしたが，広田半島に支援が届いたのは遅く，ボランティアが現地入りしたのもその8月初めでした。半島という地理的条件に加わり，ボランティアシステムを積極的に要請するまでに時間がかかったと言います。

地区代表者の指揮のもと，真夏の炎天下，シャベルや一輪車など慣れない道具を使って側溝掃除，草取り，屋内清掃にとりかかる学生たちは，自分自身の力に驚いたようでした。筆者も立ち会った日々の反省会で明日はより効率よく作業を進めたいと話し合う真摯な姿勢が見られました。代表者は「逃げる，守る，攻める，あなどらない」を地域復興の四原則と考えています。「高台への避難路を確保し，住宅地域は防波林や森の再生によって守る。住み慣れた地域から離れることなくまた住み始める。が，同時に，薪，ランプなど電気に頼らない資源を蓄え，自然の脅威を侮ることなく暮らす」という原則，そこには自然との共生の理念が感じられます。

新田地区では当時の写真，その記録を詳細に残し，保管していますが，それを聞き，感動し，考え，伝えて行くことは，若い学生たちに課された一つの大きな使命であるといえます。学生たちは「実際に現場に立つと，その日の恐ろしさ，家族，家，友人をなくす，ということの痛みが伝わってくる」「被災された方々

の強さに感動した」「全てのものにもっと感謝しながら暮らしたい」などの感想を持ちました。経験を真摯に受け止め，真剣に考え，未来に生かしていく，特に防災，意識向上に努める。復興という課題を地域と共有した上で自発的にホスピタリティの精神を行動に移した学生たちに地域から託されたのは様々な発展性です。それはより持続可能な社会を築いていく上での重要な課題でもあります。

　東北地方に「津波てんでんこ」という言葉があります。これは「津波が来たら，各自それぞれ全速力で，高台に逃げなさい」という教えです。「津波から逃げて，また家族や友人と再会するための唯一の方法」と伝えられています。また，東北沿岸に200個以上存在する「津波石」も，伝承知識の一つで，津波で運ばれた大きな岩が，その地点より低い位置に家を建ててはいけない，という警告を発しています。しかし，現実には，長い年月の間により低い地点にも住宅が建てられ，それらの教えは「昔のこと」として「忘れ去られてた」「迷信とされていた」，というのは，北三陸で家や船を失った漁師さんの実感でもあります。

　同時に，伝統知識を生かし，「山を傷つけない木材利用」により流された漁業小屋を再建している例もあります。大船渡綾里半島で作業小屋，船を失った漁師さんは，木材の搬出に重機でなく馬を使う「馬搬（ばはん）」という技法を選んでいました。地域に伝わる伝統知識，技法はその独特な環境との「持続可能な」共生の技，知識を示しています。また，地域の歴史的知識を生かした例として，陸前高田から20kmほど内陸にある住田町の仮設住宅があります。この住宅は，気仙杉を使い，気仙大工の独特の手法で作られたもので，震災以前から今後の東南アジア各地での震災や津波に備えて，伝統技法を使った住み心地のよい仮設住宅の構想がすでにあったと言います。それが奇しくも地元で生かされる結果となり，震災後5月2日には第一の入居が始まりました。住田町は2000年に「エミッションゼロ」宣言をしており，ペレットストーブの普及など「環境持続性」への取り組みを行ってきています。若い世代が担うのは，このような伝統知識，自然と共生した人々の知恵，技，感覚などを理解し，こらからの防災，環境保全にうまく取り入れていくことです。

　さらに日本の将来について考えるべき課題の一つとして，「原発，エネルギーの再考」があります。震災直後からのメディア報道を見ると，国際評価尺度（INES）でレベル7とされたFukushimaが，「チェルノブイリ」と並ぶ原発大惨事の新たな代名詞となり，住民の健康，食や水の安全はもちろんのこと，全世界に原発，エネルギーについて考え直す機会を与えたことが分かります。特にドイツは，震災後2ヵ月後には17基ある原子炉の8基を停止，残り9基も11年後の2022年までに完全停止という「脱原発」の方向性を決めています。その時点でメ

ルケル首相は「ドイツは再生エネルギーの最先端を行くことで，テクノロジー開発や雇用を促進することができる」と発言しています。ドイツは1986年のチェルノブイリ惨事の影響を大きく受けたこと，環境団体グリーンピース支持者が30万人をこえ，また，1998年以来の有力政党の一つ緑の党が「脱原発，自然エネルギーへの転換」を強く推進してきたという背景があります。また，イタリアも1988年には脱原発を決定し，1990年までに実行，その後2011年6月に持たれた国民投票では，2030年までに電力の25％を原子力でまかなうとする原発再開案が却下されるという動きがあります。日本でも，震災後4月10日，15万人が参加した東京高円寺の集会をはじめとし，震災6ヵ月後（9月11日）の東京，京都を中心とする「原発ゼロアクション」など各地で反，脱原発の動きが起こっており，2013年3月10日に原発の是非を決める国民投票を求める運動もあります。

脱原発は再生可能エネルギーへの転換推進運動と平行して進んでいきます。再生可能エネルギー，つまり石油や石炭のような「枯渇型」エネルギーでなく再利用可能な太陽光，風力，波力・潮力，流水・潮汐，地熱，バイオマスなどは，現在世界全電力の19％ほどとされています。持続可能な社会は，環境保全，経済，社会・文化のバランスが必要ですが，ドイツの選択は雇用増を達成し，より持続性ある生き方への積極的な選択となりつつあります。このようなエネルギー政策について，市民が真剣に考え行動をおこすようになった土台には，震災復興でなした自発的で積極的な社会貢献の経験があるのではないでしょうか。そこに参画した若者や大学生ボランティアにもその力が与えられたと考えます。

3 おわりに

活動から学生は多くを学び，地域の方々との交流は今も続いています。そのような人と人とのつながり，人生への教えは経済的な報酬とは比べられない，お金では買えないものです。参加者自身も「自分でするべき」と思ったことを実際に行動に移し成し遂げた達成感，また，被災の経験を少しでも学びに生かしてほしいと熱心に語り，ボランティア活動に心から感謝してくれる地域の方々の強さに感動を得たといいます。また，地域の方々も被災の経験が学生の学びになることに希望を感じるといいます。自発的に，無償の活動として表現したホスピタリティから生まれたのは，学びや希望などの精神で，それは参加者受け入れ地域その両方で感じられました。

社会，環境正義をその基本理念とするツーリズムとして「希望あるツーリズム」という考えがあります。ツーリズム，そしてそこにある「ホスピタリティ」

の精神は，社会に積極的貢献をすることができ，社会，環境正義を社会活動の基本理念としてその価値を認めていくことは，今後の持続的社会の根底となっていくといえます。ボランティア活動では様々な社会貢献が可能ですが，学生など若い世代が活動主体である場合には，ビジョン，方向性，リーダーシップという自主性，その経験を未来に伝えて，考える「発展性」をもたらすことが，特に期待される大きな使命であると考えます。この震災を期に，ホスピタリティある社会，精神の豊かさが「復興ビジョン」の中でも重視され，日本全体を新しい方向に導いていくことを願いたいと思います。

📝考えてみよう！
　若者が「ホスピタタリティー」の精神を社会に提供する機会として，どのような例が考えられるだろうか。またそのような機会はどうすれば増やすことができるのだろうか。

📝さらに興味がある人へ
JICA ボランティア http://www.jica.go.jp/volunteer/index.html
兵庫行動枠組　2005-2015災害に強い国，コミュニティの構築（HFA：Hyogo Framework for Action　http://www.unisdr.org/files/1217_hfaflyerjapanese.pdf）
国連国際防災戦略事務局　（UNISDR 兵庫事務局　http://www.unisdr.org/kobe
全国体験活動ボランティア活動総合推進センター（http://volunteer.nier.go.jp/）

参考文献
生涯学習審議会（文部科学省）（2003）「今後の社会の動向に対応した生涯学習の振興方策について（答申）」http://www.mext.go.jp/b_menu/hakusho/nc/t19920803001/t19920803001.html
国連ボランティアプログラム（2011）State of the World's Volunteerism Report 2011. http://www.unv.org/about-us.html
Brown, Sally. (2005) "Travelling with a Purpose: Understanding the Motives and Benefits of Volunteer Vacationers," *Current Issues in Tourism*, 8: 6, 479-496
McGehee, Nancy and Carla Santos. (2005) "Social change, discourse and volunteer tourism," *Annals of Tourism Research*, Vol. 32, No. 3: 760-779
McIntosh, Alison and Anne Zahra. (2007) "A Cultural Encounter through Volunteer Tourism: Towards the Ideals of Sustainable Tourism?" *Journal of Sustainable Tourism*, Vol. 15, No. 5: 541-556
Pritchard, Annette, Nigel Morgan, Irena Ateljevic. (2001) "Hopeful tourism: A new transformative perspectives," *Annals of Tourism Research*, Vol. 38 (3): 941-963
Wearing, Stephen. (2001) *Volunteer Tourism: experiences that make a difference*. Oxfordshire: CABI Publishing

第二部　企業とホスピタリティ

　第二部ではホスピタリティの現場における実践について各分野の専門家が論じています。
　13・14章では【マーケティング・セールスとホスピタリティ】をテーマに13章では顧客本意が基本となる営業の現場におけるいかに顧客から選ばれるかを考えた企画と実践について，14章では人生の大イベントでもあるウェディングを祝福される二人と共に感動的に作り上げて行く具体例を取り上げ論じています。15・16章は【コミュニケーションとホスピタリティ】をテーマに顧客満足を第一の目標としている接客産業現場の取り組みと，異文化コミュニケーションを例としたグローバル化に向けた取り組みについて論じています。17・18章【マネージメントとホスピタリティ】では労使関係と人材育成に企業が腐心している状況を論じ，19・20章では【ホスピタリティ産業の現場（1）　旅行運輸】として旅行業で働くものに求められるホスピタリティならびに航空会社客室乗務員による旅客とのコミュニケーションの重要性と気付きについて論じています。21・22章【ホスピタリティ産業の現場（2）　宿泊飲食】では感動がホテルにおける商品価値を高めている実態や一皿に込められたシェフの想いが非日常の経験をさらに素晴らしいものとする現象を論じています。23・24章【ホスピタリティ産業の現場（3）　医療介護】では望んで医療機関に来るわけではない患者と医師との緊張関係の緩和や信頼関係の構築の難しさ，従来家族や親族が担っていた介護機能を社会全体の機能とせざるを得ない中で結ばれる利用者と介護職員の人間関係の課題を論じています。
　実社会で顧客を受け入れる重要性と困難性を理解するともに，ホスピタリティに関わる人々が常に努力している姿を学びとってください。

第二部担当　青木義英

13章 企業営業活動におけるホスピタリティ

森川長俊

1 営業のホスピタリティとは

はじめに——企業の社会的責任

　企業には取り巻くさまざまな利害関係者（ステークホルダー）がいます。顧客，取引先，従業員，株主，投資家，地域社会などです。これらの関係者と良好な関係を築きながら，収益を上げ持続的に成長し社会に貢献することが社会的責任と言えるでしょう。企業は社会に役立つ存在としてその企業価値を高めつつ成長していかなければなりません。

（1）営業の役割

　多様な部門からなる企業にあって，企業が創り出す商品・サービスをマーケットにて反復継続して顧客に販売し収益を上げていくこと，これが営業の主要な役割であり，顧客と接点（「顧客接点」）をもつ点が大きな特徴と言えます。営業は販売活動のみならず，顧客や社会にメッセージを発信しより良い企業イメージの醸成に努める広報宣伝活動，販売体制の整備や，新しい商品・サービスの企画，また販売管理と言われる販売目標や利益率の設定，売上高や原価管理，さらには顧客の管理や顧客からのクレーム対応にいたるまで幅広い領域をカバーしています。まさに営業は企業の屋台骨と言えるでしょう。

（2）差別化が難しい「コモディティ化」の進行

　企業は不断の営業活動を通して，販売力，収益力，ブランド力を高め，マーケットでの競争力を揺るぎないものとするなど企業価値を高めていくことが求められています。しかしながら，新たな商品・サービスが人気を博しマーケットシェアを高めても，遅かれ早かれ，他社がより競争力の高い商品・サービスで追随してくるのが一般的です。商品・サービスの質による差別化が難しくなる「コモディティ化」と呼ばれる現象が顕在化することになります。そのような中でい

かに持続的に競争優位性を維持し高めていくかが企業にとって大きな課題であり挑戦と言えます。

(3) ホスピタリティの重要性

それではどのような戦略で他社との差別化を図り競争優位性を高めていくべきでしょうか。その解の一つが、「顧客本位」の理念のもと、顧客との関係性を重視しリピーターやロイヤルカスタマーという顧客化の深化を図る道です。

なぜなら既存の顧客に繰り返し自社の商品・サービスを購買してもらう方が、新たな顧客を作るよりコスト的にも効率的だからです。フィリップ・コトラーは「既存顧客維持コストは新規顧客獲得コストの5分の1」と試算しています。

この顧客化を進める上で、ホスピタリティという概念が重視されるようになってきました。ホスピタリティとは顧客と企業との相互の親和性を深め、顧客の選好度を高める上で重要な概念です。「ふれあい」「交流」「繋がり」「絆」とも言い換えることが出来るでしょう。ホスピタリティは「おもてなし」と訳されるために、この概念は顧客と接する現場での接客、接遇のことと捉えがちですが、広く営業や企業組織全般でも顧客本位の経営理念を具現化するための根幹的な概念として定着しつつあります。今日のマーケットは顧客が主導、すなわち顧客に選ばれるかどうかが何より大事であり、それゆえ顧客との関係性が重視されるのは当然のことと言えるでしょう。

2　営業のホスピタリティの実際と課題

それでは顧客とのより良い関係性を築き深めていくために、営業ではどのような戦略で顧客に向き合っているのでしょうか。

(1) 顧客満足（CS：Customer Satisfaction）という戦略

顧客を満足させるという発想ではなく、商品・サービスを購買した顧客が結果として満足することで、満足を再購買へと繋げていこうとする考え方です。また満足した顧客の口コミなどでの評判から新たな顧客の獲得に繋げていく狙いもあります。この顧客満足の考え方は顧客と接点を多くもつサービス業から芽生え、その後製造業に至るまで広がってきました。背景にはマーケットの飽和化があります。モノの普及率が低い時代には生産主導で生産さえすれば売れました。その後は宣伝などで消費者の購買意欲を促す販売主導、消費者ニーズを探り、欲しいモノを作り出すマーケティング主導の時代へと移ってきました。しかしながらモ

ノが溢れる今日では，顧客主導，すなわち顧客が満足するかどうか，顧客に選ばれるかどうかというモノサシが大変重要となってきたのです。

(2) 満足の構造

　顧客がその商品やサービスに満足する・しないとはどのような心理状態なのでしょうか。事前の期待（事前期待）と実際の体験（実績評価）との関係（バランス）で捉えられます。実績評価が事前期待を上回る場合に「満足」と感じ，次回の購買に繋がるリピーター化が期待され，反対に実績評価が事前期待を下回るものであれば「不満足」となり，競合する他社へ流れる恐れが大きくなります。実績評価が事前期待通りであれば，「一応満足」とはなりますが，マーケットに競合する商品・サービスがあれば，次回にはそちらを選択することも考えられます。顧客化という点では安定的とは言えません。このように満足・不満足とは事前期待と実績評価という尺度で主観的に評価される心理と言えます。

(3) 品質と顧客満足――知覚価値を高める

　それでは品質が優れた商品・サービスであれば顧客は常に満足するのでしょうか。品質の優劣と顧客満足の結果としての顧客化とは必ずしも一致するものとは言えません。品質が良ければ確かに顧客の満足度は高まるものの，一方で，顧客が支払った対価との見合いで，そこにお得感やお値打ち感という価値を見いだせるかどうかも大事な要素となります。対価に見合う納得感，すなわち「知覚価値」を認めるかどうかが顧客の消費行動には大きく影響を及ぼします。知覚価値を認め，満足した顧客はその後顧客化し，また好意的な評判を通した新たな顧客の獲得も期待されます。したがって，知覚価値を高め顧客の満足を得ていくかが大きなポイントとなってきます。

(4) 真実の瞬間

　顧客が企業と接する顧客接点でのその一瞬一瞬が顧客満足には重要であるというのが「真実の瞬間」と呼ばれる概念です。慢性的な赤字体質に苦しんでいたスカンジナビア航空（SAS）の新社長に就任したヤン・カールソンが，経営理念にこの概念を用いてわずか1年で同社を黒字転換させた事例は有名です。
　SASでは1986年当時，慨質で年1000万人の旅客がそれぞれ5人のSASの従業員と15秒ずつ接していました。カールソンは「1回15秒で1年間に5000万回，顧客の脳裏にSASの印象が刻みつけられる。この5000万回の真実の瞬間がSASの成功を左右する。この真実の瞬間に顧客と接しているのは地上係員や客室乗務員

など顧客接点の最前線の従業員である。従業員は自らの対応によって企業の印象が左右されることを認識する必要がある」と述べています。カールソンは計147項目ものサービス改善プロジェクトを断行した他，大幅な組織機構の変革や現場の従業員への権限移譲などリーダーシップを発揮しました。

(5) サービストライアングル——企業・従業員・顧客の相互関係性

顧客満足を経営の柱として推進していくためには，SASの事例のように従業員を含めた企業全体での取組みが必要です。企業，従業員，顧客3つの主体相互の関わり方に着目し，バランスのとれた相互の関係性の深化が顧客満足度経営には欠かせないとするのがサービストライアングルという考え方です。

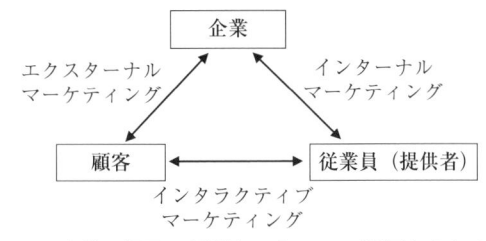

3つの主体，相互の関係性。バランスが重要とされる。
図1　サービストライアングル

① インターナル・マーケティング——企業と従業員との関係性

顧客と同様に従業員も企業の顧客であると捉え，従業員の幸福，満足度を高めることで業績向上を図るという考え方がインターナル・マーケティングです。顧客満足は従業員の顧客への接客，接遇によって左右されますので従業員をしっかり行う必要があります。同時に従業員のモチベーション，満足感，幸福感をいかに高めていくか，従業員満足度（Employee Satisfaction）も重要な指標となってきます。また現場の従業員への権限移譲や，日常業務での問題点やその解決策を上層部に提言する風通しの良い組織風土も重要となるでしょう。

② エクスターナル・マーケティング——企業と顧客の関係性

多くの選択肢のなかから顧客に自社の商品・サービスを選んでもらうためには，企業と顧客との関係性が重要になってきます。日常的な営業活動や広報宣伝活動での情報の発信，一方顧客からのコメント，要望を真摯に受け止め，さらなる改善への手がかりに活用するなど，双方向のコミュニケーションが関係性を深める上でも重要です。メールマガジンの配信や各種イベントの案内状なども親和性を高め，強固な関係を築いていくための手段と言えるでしょう。

③ インタラクティブ・マーケティング——顧客と従業員の関係性

顧客接点こそが「真実の瞬間」ですので，上質の接客，接遇が求められます。接客，接遇の高い技量，顧客の多様な要望，要求への臨機応変な対応などが重要となってきます。そのためには従業員への教育訓練の充実や所定の権限移譲，最

前線の現場をバックアップする体制の整備が必要と言えるでしょう。

(6) クレーム対応——クレームは宝の山

　顧客と企業，顧客と従業員の関係性を深める過程で，顧客からのクレーム（苦情）に向き合わざるをえない時があります。クレームにどのように対応すべきでしょうか。アメリカ合衆国消費者問題局による「アメリカにおける消費者苦情処理調査」を担当したTARP社のジョン・グッドマンは，苦情がもたらす企業利益の変動を計量化し，そこにある法則を見つけました。

　「不満を抱いた顧客の非好意的な口コミは満足した顧客の口コミに比較して2倍も強く影響を与える」さらに「苦情を述べその解決に満足した顧客の再購入率は約82％と，不満を抱きながらも沈黙の顧客に比べて高い」というものです。

　そもそも「不満」を抱いた顧客のうち直接苦情を申し立てる割合はごくわずか（同調査では4％）であり，同様の不満を抱く顧客のほとんどは黙って立ち去るという厳粛な事実から，顧客のクレームは貴重な不満の表明であり，その背後にある声なき不満の大きさを心すべきでしょう。

　今日のネット社会では批判的な意見が世界中を駆け巡り，企業の存立基盤を揺るがしかねない事態を招く恐れがあります。顧客の声やクレームには真摯にスピーディーに対応し満足のいく解決を図っていくことが求められます。

3　営業のホスピタリティに求められるものとは

　顧客主導の時代，顧客満足を柱とした企業営業活動を行っていくためには，顧客本位の価値観を全社，全従業員で共有し，経営理念として企業のぶれない軸にする必要があります。そのためには，企業トップのリーダーシップや，全社横断的な推進体制づくり，達成目標の数値化や視覚化など，ベクトルを合わせるための工夫が必要となってきます。

(1) 「逆さまのピラミッド」

　一般的な企業組織は，社長を頂点に役員，中間管理職，そして底辺には現場の従業員が置かれるピラミッドの形で理解されています。

　ドイツの実業家カール・アルブレヒトはピラミッドを逆さまにした形，すなわち顧客や顧客と接する最前線の従業員を頂点に置く組織理解

図2　逆さまのピラミッド
（顧客と現場従業員／中間管理職／経営層）

によって顧客本位，現場優先の価値観が徹底されると唱えています。これが「逆さまのピラミッド」の考え方で，顧客志向を植え付けるための企業組織の在り方として一考に値するでしょう。顧客接点の現場こそ「真実の瞬間」を通して顧客の反応や意見をつかみ取れる貴重な機会であり，そこには顧客の潜在的なニーズや商品，サービスの改善，向上につながるヒントが数多く潜んでいます。

(2) 顧客との長期的な関係づくり

既存の顧客をいかに維持していくか，同時に新たな顧客をどのように開拓し獲得するか。営業において大きなテーマです。既存の顧客もいずれは他社へ流出するなど離反する可能性がありますので，既存顧客の維持率を高めつつ，一方で新規顧客の開拓，獲得を目指すといった両面でのバランスのとれた顧客戦略が必要となるでしょう。

そして，既存顧客，新規顧客に関わらず，顧客との関係性をどれほど深めていけるかが，顧客化の深化には最も重要なことと言えます。企業活動での主要なプレーヤーは従業員という「人」ですので，顧客という「人」との長期的な関係づくりが顧客化にはポイントとなってきます。その関係性を深める根底に「ホスピタリティ」という概念をしっかりと置く必要があると言えるでしょう。

✐考えてみよう！
航空会社のマイレージシステムや家電量販店などのポイント制度はどのような狙いがあるのか考えてみよう。

✐さらに興味のある人へ
「顧客満足度」と「顧客維持率」，「顧客離反率」と「利益変動」の相関関係等については，フィリップ・コトラーの著書がお勧めです。

【参考文献】
アルブレヒト，K．／鳥居直隆監訳（1990）『逆さまのピラミッド』日本能率協会
小野讓司（2010）『顧客満足「CS」の知識』日本経済新聞出版社
カールソン，J．／堤猶二訳（1990）『真実の瞬間』ダイヤモンド社
コトラー，P．／木村達也訳（2000）『コトラーの戦略的マーケティング』ダイヤモンド社
─────／恩藏尚人監訳（2003）『コトラーのマーケティング・コンセプト』東洋経済新報社
徳江順一郎編（2011）『サービス＆ホスピタリティ・マネジメント』産業能率大学出版部
中沢泰彦（2010）『星野リゾートの教科書』日経BP社
山本昭二（2007）『サービス・マーケティング入門』日本経済新聞出版社

14章 ウェディング産業とホスピタリティ

梶　明彦

1 はじめに——ウェディング産業の特徴

(1) 産業としての歴史

　結婚は人類の歴史始まって以来いろいろの形態で行われてきていますが,「婚礼」は必ずしも結婚の歴史ほど古くはありません。

　日本においては，古来，いわゆる「祝言」が主流でした。多くは，新郎の家に親族と近隣の人々が集まり，宴会をするだけのものです。この流れは近代まで続いており，花嫁が自宅で花嫁衣裳に着替え，家族，親族とともに新郎の家に移動し，三々九度の杯を交わした後，披露宴となります。あくまでも，お披露目の宴会が婚礼の中心です。きちんとした結婚式が仏前，神前で行われるようになったのは20世紀に入ってからだといわれています。

　ウェディング産業がいつごろから産業としての歴史を刻み始めたかは，はっきりしていません。たとえば，現在，著者が社長を務める雅叙園は，当初芝浦の地に中華料亭としてスタート（昭和3年）しましたが，昭和6年には現在の目黒に移り，館内に神殿を供えた総合結婚式場としてのビジネスを始めています。

　昭和30年以降は，高度成長の中でホテルでの挙式・披露宴が増加していきます。昭和40年代に入ると，結婚式・披露宴は日本で行うが，新婚旅行は海外というケースが増加します。

　昭和48年に，ワタベウェディングがハワイでの結婚式を始めます。これが，いわば海外ウェディング元年です。

図1　ガーデンチャペルでの挙式

(2) ウェディング産業の主な特徴

　平成24年度，日本では約67万組のカップルが婚姻届を出しました。このうち結

婚式・披露宴を何らかの形で行ったのは約50％前後と推定されます。

ウェディング産業の規模は現在約3兆円といわれています。ビール産業の規模が約3兆円なので、比較するとウェディング産業の規模の大きさがわかるでしょう。しかも、前述のように結婚式を挙げていないマーケットが半分あります。これに加え、過去に事情があって結婚式を挙げられなかったカップルも、子供の成長に伴い何らかの形で結婚式を挙げたい、あるいは、写真を残したいと考えています。少子化にもかかわらずウェディング産業にはまだまだ成長の余地があるといえます。

ウェディング産業の最も大きな特徴は、衣・食・住・情報のすべてにかかわる生活産業だということです。結婚式・披露宴に留まらず、新婚旅行から新居の設営までまさに生活の全般にその効果が及びます。

第二の特徴は、すべてが人材しだいという点です。どんな産業でも人材は要であり、特にサービス産業は最も人材に依拠しています。しかしウェディング産業においては、ウェディングが人生一度きりの大変重要な儀式であり、かつ、家族、友人、会社関係等幅広いゲストの評価にさらされることから、お客様の要求レベルがきわめて高くなり、それが満足されない限り商談が成立しないのです。したがって、この産業ほどホスピタリティが重要な産業はないといっても過言ではないでしょう。

第三の特徴は、企業数です。同じく3兆円規模のビール産業における企業数は4ないし5社ですが、ウェディング事業会社の数は全国で約2700社といわれています。その競争は熾烈をきわめ、大手といえども4〜5％のマーケットシェアにとどまっています。

2　ホスピタリティの実際（現状と課題）

(1) 典型的な業務の流れ

市場における認知（紙媒体・ウェブ等による告知・宣伝）
↓
お客様のご来館（通常4〜5ヵ所をまわる）
↓
プランナーによる応対

図2　プランナーの応対

ここでもっとも大事なのは第一印象です。人間同士の出会いはいわば勝負の瞬

間でもあります。そこでお客様に好印象を持っていただくことはホスピタリティの出発点ともいえます。

　○お客さまのご要望の掌握（新郎・新婦・ご両親）
　　・ご希望の日時
　　・人数
　　・ご予算
　　・洋婚/和婚（チャペル式/神殿式/人前式等）
　　・衣装（新郎・新婦）、お色直しの有無
　　・お食事の内容
　　・引き出物の選択
　　・披露宴における趣向
　　・写真/DVD/アルバム等のご要望　等々

図3　衣装合わせ

　○施設のご案内
　当日の会場の雰囲気が的確にイメージできるようテーブルセッティングを行い、照明を当日と同じ気分の盛り上がるものにしておくことも大事です。
　○契約の締結
　詳細についての打ち合わせが終了すると項目ごとの価格を確認し契約を締結します。一般的にお客様は4～5ヵ所の施設を回っているので、価格が他と比べてどんなレベルにあるかは商談の重要な決定要因です。しかし、同時にまた、お客様は必ずしも価格のみを絶対視するものではありません。プランナーがカップルのお気持ちを完璧につかんでおり、提案力が優れていれば多少の価格差は乗り越えることが可能です。ウェディング産業はこの意味で優れて人材産業でありホスピタリティ産業なのです。

(2) 発生する諸問題

　ウェディングが一生に一度の大事な儀式でありパーティーであるゆえに、上記各項目に関するお客様のご要望は極めて細部に及びます。
　しかも、リクルート社の統計によれば昨年度の結婚式・披露宴費用の平均は350万円を超えています。ウェディングは高額商品なのです。お客様のご要望が詳細を極めるのはむしろ当然といっていいでしょう。
　挙式・披露宴の実際においては、プランナーがすべてを執り行うのではなく、何人もの人の手を経て式・宴が進行していきます。長時間に及ぶチームプレイが完璧に行われなければお客様のご満足には繋がりません。また、サービスの対象は決して新郎・新婦のお二人のみではなく、ご両親、ご親戚、ご友人、上司、同

僚と多岐にわたり，その方たちの目は新郎新婦より厳しい場合が多いのです。この意味でウェディング産業では完璧なサービスが総合的に提供されない限り顧客満足は得られません。

　ここで，実際に発生したいくつかの問題を例示し，このビジネスではホスピタリティがいかに大事であるかを見ていきましょう。

〔実例１〕お客様との確認不足

　すでに述べたように，ウェディングは衣・食・住・情報の全般に及ぶ幅広い行事であり，かつ，細部が極めて重要なイベントです。たとえば，花嫁は数多い衣装の中から真剣に選択した上でウェディングドレスを決定します。当日これが間違って運び込まれていれば致命的です。こんな間違いはめったに起きませんが，靴のサイズ間違いなどは頻発します。

　また，披露宴におけるテーブルクロスの色の違い，席次表の肩書き・名前・漢字の間違い（たとえば「渡邊」などは何通りもの書き方がある），参列者の座席順変更の正しい反映，必要な配車の確認ミス，ケーキのデザインの誤り等お客様との確認不足によるトラブルは枚挙に暇がありません。

　プランナーは何百という項目について一つずつお客様と確認し，齟齬をきたさないようにしなければなりません。不明確な話し振りとか，不正確な情報の交換はそれ自体ホスピタリティの基本に外れているのです。

〔実例２〕式場側の部門間連繋不足

　ウェディングは多くの部門が関与するチームプレイです。部門間に連繋ミスが生じれば，それは直ちにお客様のご不満，苦情に結びつきます。式場側は部門が細かく分かれている上に，美容室，写真室等は外注も多いのですが，お客様に対して「それは美容室のミスです」と言い訳をするようでは最低のホスピタリティ品質といわざるを得ません。

　たとえば，外注先から来る牧師が式の中で新郎・新婦の名前を間違える，ビデオを撮る場面を間違えて肝心のデータが残っていない，新郎新婦がご両親へのサプライズを用意していたのにスタッフからご両親に事前に漏れてしまう，などこの連繋ミスによるトラブルも頻発します。

〔実例３〕一般的なうっかりミス・ケアレスミス

　うっかりミス・ケアレスミスは誰にでもありますが，ウェディングの場合これが致命的なクレームに繋がります。それだけお客様にとってウェディングは一生に一度の重要なオケージョンだからです。

　たとえば，打ち合わせのアポイントをうっかりダブルブッキングしてしまい，片方のカップルが怒って帰ってしまわれるような場合ほぼ修復は不可能です。引

き出物のお名前の間違い，式における指輪交換の際牧師が誤って指輪を床に落としてしまう，料理の器の内側に割れ目があった，披露宴参列者の晴れ着にこぼしてしまう等のうっかりミス・ケアレスミスは結婚式に限っては決して許されず重大なクレームに繋がるのです。

(3) ホスピタリティがすべての基本

こうした具体的事例を見ていくと，その原因はさまざまのように見えます。お客様との確認不足，部門間の連繋ミス，個人に起因する多くのミス。それぞれ技術的な訓練によって解決できると考えられがちのため，研修が技術面に偏ってしまうことがよく起きます。

しかし，これら多くのミスにはすべてに共通する原因があります。それは「ホスピタリティの欠如」です。

ホスピタリティの基本とは何でしょうか？

一言で言えば，相手の立場に立って考えるということに尽きます。

人生における最大のイベントを感動的で光り輝くものにしたいお客様に対し，プランナーがきちんとその気持ちをくみ上げられず，毎日お見えになる多くのお客様の単なる一組と考えていれば，そこにミスが発生する危険が大きくなるのは理の当然と言えましょう。

ホスピタリティとは，何も特別のことではありません。日常必要とされる心構えなのです。家庭においても，友人関係・社内人間関係においても，相手の立場にたって考えてあげることができれば，接客においてもホスピタリティにあふれた対応を行うことが可能になります。

しかし，これがきわめて難しいことは自分の身近な人との関係を振りかえってみればすぐにわかるでしょう。その意味で，ホスピタリティは日々の自己改造・自己修練によってのみ得られるものなのです。

3　今後求められるホスピタリティ

日本は全国的に村社会型の社会構造をもちそれぞれの内部では，知っている人には愛想よくやさしく振舞い，知らない人には警戒心をあらわにして接する傾向がありました。しかし，日増しにグローバル化する現代社会にあっては，知らない人に対してどう接するかが大きな課題となります。

知っている人に対しても，知らない人に対しても，等しく相手の気持ちを推し量り，相手の立場に立って考えることが今後求められていくホスピタリティであ

り，また，それこそが，ウェディング産業においてプランナーに求められるホスピタリティなのです。

　しかし，「真のプロ」プランナーになるためにはこれだけでは不足です。ただ単に相手の立場に立つだけでなく，さりげなく，相手の期待をさらに上回るサービスを提供できなければプロとはいえません。お客様の期待を上回るためには企画力・提案力が重要となります。

　「ホスピタリティ」とは，単なる接客マナーではなく，「相手を思いやる心」と「磨き抜かれた提案力」なのです。この能力にあふれた人が，ウェディング産業で成功者となっていくことでしょう。

▶考えてみよう！
　自分が将来プランナーになったと想定し，お客さまにどんな新しい，かつ，感動的な結婚式・披露宴を提案できるか考えてみよう。

▶さらに興味がある人へ
　海外結婚式・披露宴（リゾートウェディング）について，自分の世代の考え方を参考にしつつ，その将来性を分析してみよう。

【参考文献】
東京大学公開講座60（1995）『結婚』東大出版会
堂上昌幸（2002）『ウェディングプランナーという仕事』オータパブリケーションズ
ブライダル総研（2011）『ゼクシィ 結婚トレンド調査2011－首都圏版』リクルート

15章 接客教育とホスピタリティ

安部桂子

1 接客教育とは

　企業は常に顧客の獲得に努力しています。現代の消費社会においては，単に他の企業と違う製品・サービスを作り提供しても，すぐにその目新しさ，優位性は追いつかれてしまい，製品・サービスそのものだけでは他の企業との差別化は図れなくなっています。製品・サービスが顧客に提供される際に生じる人と人との接点において顧客が感じる満足感が，再購買や再利用ひいては顧客拡大に大きく影響しています。製品・サービスに付加される接客時のホスピタリティが，顧客の満足感を生み，その企業に対する好感度や信頼度を増大させてくれるのです。そのため行われているのが接客教育です。多くの企業は，入社教育や日々の職場ミーティング，社員研修，合宿等の機会を設けて接客の基本やクレーム対応等様々な接客教育を実施しています。それは，顧客とよいコミュニケーションをとるための「顧客ひとりひとりの要求や気持ちを察し，自分の言葉や行動で表現する」というホスピタリティの実践力をつけることに重点を置いた教育です。
　このことは，従来サービス産業と称されたホテルやレストランなどの宿泊・飲食業，旅行，交通業のみならず，教育や医療現場，さらには製造業においても同様であり，顧客の心理やニーズを理解し，信頼関係のもとに商品・サービスを提供することで，持続・発展的な企業活動に結びつく時代になっているのです。そこで，企業は増収増益を実現するための戦略として，顧客に選ばれるための接客つまりホスピタリティの実践に積極的に取り組む必要があり，社員の接客教育に力を入れています。

2 接客教育の現場

　東京ディズニーランドは，1983年の開業以来，子供ばかりではなく保護者も含めた全ての来場者に夢や感動や喜びを提供するテーマパークとして人気を博して

いますが，東京ディズニーランドの成功には，キャスト（従業員）の接客の素晴らしさが大きく貢献しています。その背景にあるのは，ゲスト（お客様）を迎えるキャスト（従業員）への教育が徹底されていることです。

　たとえば，ディズニーランドはゴミが落ちていないことが有名ですが，一般的には「きつい・きたない」という２Ｋの職場とみなされる清掃業務が人気の職種にもなっているのです。カストーディアルキャストといわれる業務は，「清掃担当」ではなく，「維持・管理（カストーディアル）」担当と呼ばれており，他の職場のキャストとは違って，自由にパーク内を動き，困っているゲストを助けることが求められています。また，水たまりの水を利用してディズニー・キャラクターの絵を描いたり，ローラーブレードを履いてスィーピング（清掃）するパフォーマンス等ができる等，カストーディアルキャスト自身が自らの仕事を楽しみ誇りをもって仕事ができているのです。（www.castingline.net/disney_aboutcast/index.html）

　また，正社員が入社した後の３ヵ月以上にわたる新人研修のうち，１ヵ月をカストーディアルの実習にあて，さらには，年に一度，正社員や上司がキャストになり準社員やアルバイトをゲストとしておもてなしする「サンクスデー（アルバイト感謝デー）」が開催されるのですが，その日には歴代社長は全員がカストーディアルとしてもてなします。このことからも，会社全体でカストーディアルを重視していることがわかります。（www.castingline.net/disney_thanksday）

　さらに，各職場のキャストごとに，実務に沿った具体的なマニュアルが作られていますが，「マニュアルにとらわれない」こともちろん許されています。「マニュアルにとらわれない」サービスについて，山田眞の著書で有名な「お子様ランチ」のエピソードがあります。ある夫婦のゲストがレストランで，亡き子供のためのお子様ランチをたのむ話です。最初事情がわからなかったキャストは，お子様ランチは大人は注文できない旨を伝えますが，事情がわかった後は，子供用の椅子も用意してもてなしたのです。この夫婦の感動は言葉にできないほど大きかったことでしょう。

　接客をする際，ゲストに喜んでもらおう，感動を届けようとするキャストのホスピタリティが，毎日発揮されている場所が東京ディズニーランドなのです。ですから，東京ディズニーランドは，何度行っても，その一回一回が「特別な体験・感動」となって，ゲストがリピートし，毎年，利益が増えているという素晴らしいテーマパークになっているのです。（東京オリエンタルランド決算資料による）

　2011年度のインターネットアンケートで，「都民に聞く，好きなタクシー会社」

の1位にあげられている東京エムケイというタクシー会社がありますが，その理由の上位は，「運転手のマナーがよい」「運転手の品が良い」「運転手の会話や運転に気遣いを感じる」というまさしく人的な要素でした。東京エムケイでは，徹底した顧客第一主義の理念のもと，入社教育の中で，基本的な接客マナー（挨拶・表情・身だしなみ・言葉遣い・態度）の習得と，「顧客ひとりひとりの気持ちを察して行動する」というホスピタリティの実践力に重点を置いて接客教育を行っています。顧客を安全に快適に目的地にお連れするというだけではなく，顧客に「また，会おうね」と言われるようなサービスマンになることを目標にして教育されているのです。入社後も，接客マナーの基本を遵守しているか，顧客の気持ちを察して行動しているかといった接客やホスピタリティの点検が定期的に実施され，経験年数に関係なく日常的な個人指導が行われています。

東京エムケイでは，顧客が車を乗り降りする際に運転手がドアを開くサービスを行っており，雨の日は顧客が濡れないように傘をさしかけます。その際，顧客が怪我をしないように，さしかける傘の角度や傘の柄の方角を自分自身に向けること等，細かな動きはマニュアルで決められています。

しかし，顧客が乗車する前に，車内の床やドア枠を丁寧に拭いておく等の心づかいは，マニュアルにはありませんが，東京エムケイのほとんどの運転手は行っていますし，寒い季節，咳をしている顧客へ，車内温度について尋ねたり，のど飴をさしあげたりといったようなこともマニュアルにはないホスピタリティを運転手が自発的に発揮しているものです。これは，顧客に感謝されたり心をかよわせる交流ができたという事例を毎日の乗務前ミーティング等の機会をとらえて仲間同士で共有し，絶えず自分たちの接客について振り返る風土が創られているからです。これらの取り組みの結果として，運転手の接客を高く評価する顧客からの声が多く寄せられています。

たとえば，成田空港に外国からの顧客をお迎えに行った際，飛行機の到着が遅れ，結果としてホテル到着も深夜になってしまったのですが，日本語が不自由なその顧客のために，ホテルのチェックインまでお手伝いするということが，運転手の自主的な判断で行われ顧客に深く感謝されました。

また，夜間に病院までの運転を依頼された際に，病院に到着後，顧客を背負って夜間出入口までご案内したというようなことも顧客の感動につながっています。

図1　磨き上げられた車の前で，お客様をお迎えする東京エムケイのタクシー運転手

このような細やかな接客の積み重ねによって，会社に対するファンが増え続け，現在，東京エムケイにおいては，ほとんどの車両が，日々予約の顧客でうまっているという状況であり，上海，ソウル，ロスアンジェルスに展開している海外戦略においても接客の良さが高く評価され，顧客を拡大し続けています。

3　接客教育の内容

　企業で行われている接客教育の内容について，いくつか例をあげてみましょう。入社教育では，周囲とよいコミュニケーションをとるための要素であり接客の5原則でもある「挨拶」，「表情」，「身だしなみ」，「言葉遣い」，「態度」等社会人としての基礎力をつけるとともに，「顧客ひとりひとりの要求や気持ちを察し，自分の言葉や行動で表現する」というホスピタリティを十分理解して，体験によって身につける教育を実施しています。特に入社教育では，周囲とよいコミュニケーションをとるための要素であり接客の5原則でもある「挨拶」，「表情」，「身だしなみ」，「言葉遣い」，「態度」等社会人としての基礎力をつけるとともに，「顧客ひとりひとりの要求や気持ちを察し，自分の言葉や行動で表現する」というホスピタリティを十分に理解して，体験によって身につける教育を実施しています。

　コミュニケーションのツールとして言葉は重要な要素です。入社する前の学生たちは，仲間内のコミュニケーションは得意ですが，年齢や経験，立場の異なる世代との交流の機会が少なく，相手や状況に応じた言葉遣い等が苦手です。しかし，特に企業においては，社内的にも顧客に対しても，T.P.Oにふさわしい言葉遣いや正しい敬語遣い（丁寧語，尊敬語，謙譲語）ができるということは，よい人間関係を築くうえで必須の能力です。また，顧客によい印象を与える話し方や聞き方，電話応対等も身につける必要があります。

　次に，言葉以外のコミュニケーションツールとして，好印象を与える表情，アイコンタクト（視線），身だしなみ，態度等の教育も重要です。

　顧客の印象を左右する自分自身の非言語情報（表情，アイコンタクト（視線），身だしなみ，態度）について，それらが良い印象を与えているのかそうではないのか，ほとんどの人は理解していません。どのように他人の目に映っているのかを客観視し，改善することによってよりよい印象につなげるために，ビデオ機器を使用した教育や様々な見方，考え方で，自分自身の姿や振る舞いを振り返ることができるロールプレイング等もたいへん有効です。女性に対しては，身だしなみの教育の中で，メイクアップの方法や髪色など細やかな教育を実施している企

業もあります。

「顧客ひとりひとりの要求や気持ちを察し，自分の言葉や行動で表現する」というホスピタリティの実践力については，過去の様々な事例について，自分だったらどのように行動するかということを考えるために，実際の接客シーンをケーススタディ（事例研究）し，「顧客がより満足するためにはどうすればよいか」を深化させるという実践的な教育も広く実施されています。実際の接客シーンでは，顧客からのクレームに対応しなければならないことも多く発生しますので，クレーム対応の教育にも，このケーススタディはたいへん有効です。

〈参考〉「検定制度」

接客サービス能力について，様々な団体・機関が「検定制度」を設けています。これらにより，接客サービス能力が証明されたり，接客サービスに関わる知識や技能を得ることができ，顧客に満足していただけるサービスの提供に役立ったり，接客サービス適性が求められる業界への就職に役立つこともあります。例として，サービスマナー全般の知識や技能については「サービスマナー検定」，話し方・コミュニケーション系では，「話しことば検定」，「日本語コミュニケーション能力認定試験」，ホテル旅館・旅行系では，「ホテル実務技能認定試験」，「添乗員能力資格認定試験」，飲食レストラン系では，「レストランサービス技能検定」等があります。

4 接客教育の課題

(1) マニュアル化，機械化の壁

企業は，接客対応を取りまとめたマニュアルを作成しています。また，機械化（例：銀行ATM，航空会社の自動チェックイン機や予約システム，鉄道の自動改札機や精算機等）によってサービス品質の向上や効率化，均質化を目指しています。しかし，これらは，ある意味，単にサービスを標準化したに過ぎず，「顧客のニーズや気持ちを察し，自分自身の言葉や行動で表現する力」であるホスピタリティを発揮するには不十分です。「マニュアルを作ったから」，「機械化したから」といって，顧客の再購買や再利用につながるわけでは決してありません。マニュアルをきちんと作り，機械化等で効率化するだけではなく，人が行うホスピタリティで付加価値をさらに加える必要性があります。

(2) 「形」にとらわれた「しつけ教育」や「マナー教育」に陥りやすい

ホスピタリティは「顧客が感じる感覚」であり，形のないものです。接客教育の中心にホスピタリティを据えても，成長が目に見えやすいマナーやしつけとい

う外形・見た目重視の教育に焦点が移りがちです。とくに，社会が個人主義化した時代に育った現代の若い世代は，「他人の要望や気持ちを察して行動する」ことや，基本的な生活マナーや家庭でのしつけを教えられる経験も少なくなっているように感じます。このため，接客教育の現場では，「形」だけにとらわれることなく，「顧客のニーズや気持ちを察し，自分自身の言葉や行動で表現する力」を養うことを主眼としなくてはなりません。

(3) 接客教育と効果

接客教育で人が育つには，時間・コストがかかる上に，その効果が果たして企業の業績に直接的に反映されたかどうかの測定が難しいため，一過性の教育で終わってしまうことがあり，せっかくの教育効果が持続しないことがあります。

また，時代の変化とともに人々のニーズも変化し，多様な国々・異文化との交流がさらに広まるのはこれからの社会の流れです。この流れに応える「接客教育」は，絶えず人々のニーズを理解したうえで，先手をうつという先見性を持った教育であらねばなりません。加えて，経験を積んだ人物が接客教育担当の指導者として，豊富な経験と専門性を持った人材を育成していくことも重要です。

🖉 **考えてみよう！**

今までにあなたが受けた接客の中で，一番心に残っている接客はどのようなもので，それはどうしてですか，まとめてみましょう。

🖉 **さらに興味がある人へ**

接客時にホスピタリティを発揮するために，あなた自身が日常的に取り組んでいきたいことはなんですか，考えてみましょう。

【参考文献】

東京ディズニーリゾートキャスティングセンター
　www.castingline.net/disney_aboutcast/index.html
　www.castingline.net/disney_thanksday
調査会社「ゲイン」による東京のタクシーに関する5,000人アンケート調査
　www.qzoo.jp/public/survey/20110926001/qv_open_result_20111025.pdf
山田眞『ディズニーランド流心理学——「人とお金が集まる」からくり』三笠書房

16章 グローバルコミュニケーションとホスピタリティ

長井鞠子

1 はじめに

　日本は長い間鎖国をしていました。温暖で，作物は豊かで，300年近く，外国とのおつきあいなしでも平和にやってこられました。近代になり国を開いてからも，日本民族が大半を占め翻訳も盛んに行われ，また，それなりの人口規模もあり，特にわざわざ外国にこちらから出かけずとも，外国の学問，工業，芸術を国内で享受してきました。
　しかし，グローバルな時代は容赦なく，この様な快適で気楽な日本にもやって来ているのです。一国だけでは何事も成り立たず，きちんと説明が出来なければ，日本は理解されません。煩わしいと思っても外国とのおつきあいを無視しては発展は望めないのです。このような時代に相応しいコミュニケーションというのはただ喋れば良いというものではありません。コミュニケーションは，何か伝えたいことがあって，初めて成り立つのです。それでは日本人として外に向かって伝えたいものは何でしょう。
　ひとつは，他国と比べて日本が誇れる，日本独特のおもてなしの心，ホスピタリティではないでしょうか。日本人のきめ細やかなおもてなしを賞賛する声をよく耳にします。この章では，グローバルな時代のホスピタリティには何が必要で，どこを意識し，どう取り組めばしっかりとお客様に分かってもらえるのか，を考えてみましょう。

2 伝えたいホスピタリティ

　日本人はサービス精神が旺盛である，と言われています。そもそもサービスとはなんでしょう。サービスという言葉はそもそも，ラテン語のservitium（servus 奴隷＋itium 名詞語尾）が語源とされています。そこには「奉公」や「屈従」などの意味が含まれ，そこから「奉仕する。給仕する」という意味が生まれたので

す。何も「奴隷」の様に卑屈になる必要は全くありませんが，「相手にとって良かれ」と願う気持ちを日本人が基本的にもっていることに，私たちはもっと誇りを持って然るべき，と思います。

(1) 現状と課題

　世界に誇れる日本流の「おもてなし」は，世界各地から来られるお客様に十分，伝わっているでしょうか。そこには改善の余地はもうないでしょうか。少なくとも，ホスピタリティを志す人たちの努力が望ましいと思われるのが，以下の三点でしょう。

　まず，外国語習得の問題です。ホスピタリティの場面で必要な外国語と言えば，英語です。英語を義務教育として取り入れている国は多く一般的には国際語となっています。どんな状況でもスマイルとジェスチャーと，あとは度胸で誰とでも意思疎通する猛者もいるでしょう。しかし，自分がゲストの立場であればそれで済みましょうが，ホスピタリティを仕事にする人つまりホストの立場では，意思疎通の接点である語学を磨く必要があります。何もネイティブ並みに政治経済・国際情勢を縦横無尽に語れと言うのではありません。必要にして十分な語学を最低限操れる必要があるのです。

　第二に，言葉はあくまでも道具です。道具は「語るべき中身」があってこそ，生きてくるものです。「語るべき中身」が把握できていて，さらにそれを説明したい，という意識も必要です。「なんとか○○を説明して，分かってもらいたい！」という気持ちがないところに，せっかく学んだ言葉は口をついて出て来ません。人間の要求は一人一人その場その場で違ってきます。おかれた状況ごとに，何を語り，どう説明すべきか，常にはっきり意識して自分の頭で考える習慣をつけましょう。

　第三は想像力，言い換えればメンタルトレーニングです。島国という地理的条件もあり，日本人だけの環境で過ごすことの多い私たちは異文化をすぐには意識できません。アメリカ人と聞いたときに，たくさんいるアフリカ系，アジア系，ヒスパニック系，中東系の人びとのことを思いつけますか。英語よりスペイン語が通じる町もあるのです。目を世界に転じてイスラム圏の人たちの住む世界を想像した事がありますか。そこに暮らす人たちはどんなお天気の下で何を食べて，何を楽しみにしているのか，等々考えた事はありますか？　アフリカ，といったら，サバンナに落ちる夕日，悠々と歩く象やキリン，そんなイメージでしょうか。でもそのアフリカの国々の経済は今どんな風で，たとえばその人達の子供時代の遊びって何だろう，と想像した事がありますか。

何も，世界のあらゆる地域の事を勉強して，あらゆる文化‐習俗に関する知識を獲得せよ，というのではありません。ホスピタリティに関わる場で出会う人たちは必ずしも自分と同じ環境・文化の中で育って来た人たちとは限らない，という想像力が必要なのです。

ホスピタリティの場面には多種多様な異文化がやって来ます。その異質なものに，ここは日本なのだから，と日本的やり方を一方的におしつけるのは好ましくありません。逆に，外国からのゲストの中には，自国の文化，とは違う「異文化体験」を求めて来日する方もおられるでしょう。だから，欧米流のみで対応したり，無国籍的に，人工的に，日本らしさを全く見せなかったりしたら，相手をがっかりさせてしまいます。ゲストに「ここは日本だ！」と実感をしていただきながら，同時にゲストが持つ背景に想像力を働かせる，このバランスが必要です。

(2) 課題への対応

それでは課題にどう向き合えば良いか，可能な対応について詳しく検討して見ましょう。

第一の課題・語学について第一歩は「発声する」，にあるのです。語学の勉強で，発声するのに一番便利な方法は覚えて声に出す「暗誦」です。教科書でも，好きな英語の歌の歌詞でも，その中の気に入ったフレーズを見つけたら，暗誦しましょう。通学途上の道すがらでも，お風呂の中でも，ひたすら暗誦です。文字つまり目から入るアプローチも大切なものですが，ホスピタリティの場面では，まず，声に出す，話しかける，質問に答える，ということが多いはずです。まずは，「声帯」を震わせて，語学を学びましょう

次は難関の発音です。実は，発音においては，LやR，thという子音よりも，母音が大切なのです。日本語の母音はあ，い，う，え，おの五つしかありません。英語はもっと母音の数が多いので，日本人の発音する英語がわかりにくくなったりします。特に母音が二つ繋がる二重母音の場合です。Lady＝レイディがレディ（例：ピンクレディ）Ground＝グラウンドがグランド（例：大学のグランド）になってしまいます。それぞれ，別の単語になってしまいます。間違った発音でも単語として別のものが存在しなければ良いのですが，不運なことに，レディにはready，グランドにはgrandという別の単語があるので，聞いている人はますます混乱します。ホスピタリティの場面では，英語を母国語とするよりは外国語として英語を話す人の方がはるかに多いでしょう。だからこそ，分かりやすい発音で話すことが大事です。臆せず，日本語的母音で正しく発音する様に心

がけることが必要です。

　第二の課題「語るべき中身」についてです。語るべき事柄について十分な情報・知識を持っているということがまず前提です。例を挙げて解説します。あなたはホテルでチェックインしようとしています。チェックインタイムより早めに着いてしまいました。「ひょっとして早めにチェックイン出来ますか？　朝食はついていますか？」(I know it is early, but by any chance, would you have a room available at this time that I can check in? Does the room charge include breakfast?) と聞いています。どのような答えが望ましいでしょうか？

答その1「5000円追加料金を払って頂ければ，規定より早く入室出来ます．3階の食堂で，2500円払って頂ければ朝食は出ます」(If you pay extra 5000 yen, early check in is possible and you can get a room. If you pay 2500 yen, breakfast is served at a restaurant on the 3rd floor.)

答その2「少々早くはありますが，お掃除が出来ている部屋があるかどうか，お調べ致します．朝食は申し訳ございませんが，ついておりません」(It is a bit early, but let me check whether I can find a room ready for checking in. I am sorry but this room does not come with breakfast. Please let us know if there is anything that we can do to make your stay as comfortable as possible.)

　1の答は規則上，正しい答ではありますが，人によっては「あなたには払えるお金があるの？」と言外に匂わせている様な感じを受けます．それよりは，聞かれていることに簡潔にして十分な2が望ましいでしょう．その上で，「お客様によかれ」と思う気持ちが感じられます．

　第三の課題は「想像力」です．第二・第三の課題は密接に繋がっています．必要なことをちょうど良いバランスで伝えるための観察力を養うためには，自分や普通の日本人と違う文化を持った人たちを理解する「想像力」が必要です．これも例で解説します．

　あなたは外国人と向きあっています．あなたは相手との距離・間合いを狭くして，ほとんど，手を取り肩に触れようという位の距離まで近づき，冷淡ではありませんよ，と親しみを込めたい気持ちを表そうとしています．でもなぜか，相手はどんどん後ずさりしています．何か，気を悪くさせる様なことをしてしまったのでしょうか．あなたに落ち度があるわけではないのです．人と人との距離感は，文化圏によって違うのです．親しみを込めるという意味で，身体的に近づくことは，私たち日本人にとっては大した問題ではありませんが，文化圏によっては，家族・恋人以外ではそれはあり得ないというところもあるのです．

　その「想像力」を自分の中に育てるためには何をすれば良いでしょうか．意味

もなく，ただ勝手に想像しているだけでは「力」にまではなりません。想像をする力を持つためには，知識という裏付けが必要です。まずは，ホスピタリティとは人間が相手の仕事であるという大前提を意識しましょう。相手が人間なのですから，人間世界に関することならば，何でもどん欲に好奇心・関心をもって「これって何だろう？ どうしてだろう？」と，調べてみる，読んでみる，鑑賞してみる，出かけて自分の目で見てみることです。小説でも映画でもテレビのドキュメンタリーでも，今の時代，触れて探求してみる手段はふんだんにあります。先入観にとらわれず，自由な心で地球全体を愛おしみ，親しみ，知ってみましょう。

グローバルな時代のホスピタリティ，あなたの前に現れる人たちはすべてあなたが慣れ親しんだ環境と同じ文化背景から来ている人ばかりとは限らないのです。目の前に立っているお客様が何を望んでおられるのか，どうすれば，自分が持っている語学の力，ホスピタリティに関する知識の力，そして「想像する力」を駆使して，この人たちの期待に応え，楽しい思い出を持って帰って頂けるのか。そこにこそ，お客様のために「よかれと思う」というサービスの本質があり，日本らしいおもてなしの本質があるのです。

3 おわりに

ホスピタリティ産業とは究極の平和産業です。戦闘状態ではホスピタリティ産業は成り立ちません。ホスピタリティに関わる皆さんには，世の中を平和にする大切な役割があるのです。グローバルな時代のグローバルなホスピタリティを，応対する人々にコミュニケーション（意思疎通）することは，来日する人々が持っている異なった文化背景を理解して「日本にいる」という事実をバランスよく楽しんで頂くことを目指すのです。その結果，来日した人たちが，もてなしてくれた人のことを特に意識せずに，自然と，「ここに来て良かった，これが見られて，食べられて，聴けて良かった。日本って素敵な国だな。日本人って良い人たちだな」と思ってくれたら，ホスピタリティが発揮されたことになります。私は同時通訳の現場で多くの異文化を持った方々と接し通訳をしてきました。私が常に努力していることは通訳依頼者の本意を英語で正確に伝えることです。本意を伝えるには論点の背景や文化的要素を正確に理解しておく必要があります。文章を正確に訳すだけでは相手の理解は得られないということです。加えて相手の考え方を受け入れた姿勢で通訳しなければ本意は通じないのです。通訳の世界でも常に相手を受け入れるというホスピタリティ発揮しなければならないのです。

日本を真のグローバル国家として世界に受け入れてもらうためにはホスピタリティが欠かせないのです。

　外国語で自分の思いを伝えようとすると，純粋なバイリンガルでない限り日本語で考える事になります。日本語は論理的思考に適さない言語などと言われますが，決してそうではありません。日本語は整理せずとも会話においては頭の中に浮かんだことを思いつくまま口に出してしまってもあまり違和感がない特徴を持っています。特に話し言葉の場合，主語と述語の一致や時制など，厳しく文法的に規定されてもいません。流れ，間，余白等感覚が論理に先行する言葉です。つまり話す内容を日本語で整理できていないと相手には伝わらないのです。

　グローバルな時代に，異文化間で意思疎通をしようとすれば。そこでは言語により「分かりやすく」物事を伝える必要があります。先入観にとらわれず，想像力を駆使して，日本的「もてなしの心」を伝えましょう。人間が主役のスピタリティの現場ではパッションも忘れてはいけません。心は熱く，でも頭はあくまでもクールに，がグローバル時代のコミュニケーションの基本です。

✐考えてみよう！
　以下は映画「男はつらいよ」シリーズ冒頭の寅さんの口上です。どのように説明すれば外国人が十分理解できるでしょうか。英語も駆使して，日本の習慣・文化を伝える方法を考えてみましょう。
　「わたくし，生まれも育ちも葛飾柴又です。帝釈天で産湯を使い，姓は車，名は寅次郎，人呼んでフーテンの寅と発します。」

✐さらに興味のある人に
　入手しやすいオバマ大統領のものなど，アメリカ大統領の演説集を読んでみましょう。独りよがりにならず移民を含めた多民族国民全体を聞き手としたホスピタリティのある語りかけで，アメリカ国民3億人に向けてコミュニケーション力を最大限発揮しています。

17章 企業管理とホスピタリティ

青木義英

1 企業活動とホスピタリティ

　企業の存在意義は製品を販売する，労働を提供する，情報を提供する等によりその対価として収入を得，その利益を社会，企業，従業員に分配することにあります。この考え方に基づくと，企業にはホスピタリティに関する考え方が2種類存在することになります。
　第一の考え方は顧客あるいは社会に対するホスピタリティです。これは企業存続になくてはならない顧客をリピーターにする考えにもとづくものであり，また社会貢献により企業のイメージアップにもつながります。
　第二の考え方は企業内で働く人たちに対するホスピタリティです。企業内コミュニケーションとも呼ばれ経営者と従業員の良好な労使関係構築が目標でもあります。
　それでは第一の顧客に対するホスピタリティから解説しましょう。

2 顧客獲得と企業活動

　企業活動で最重要課題は顧客の獲得であり，またその関係が永続的に存在することです。そのために企業は常に技術革新を行い新商品を開発したり，従来商品を改善して顧客をつなぎとめる努力をしているのです。企業の技術革新にはハード面とソフト面があります。
　ハード面の技術革新とは最新技術を取り入れ製品の高精度化，時代を背景とした顧客ニーズに合わせた製品作りや企業顧客両者のコスト削減等に寄与することです。しかし，技術革新にも落とし穴はあります。一時代前になりますがビデオ戦争と言われ，家庭用ビデオテープレコーダーの規格をめぐってベータ方式とVHS方式という二つの方式が市場の覇権を求めて激しく争った時代がありました。技術のベータ，市場のVHSの争いとも言われていましたが結果としてソフ

トウェア市場を充実させたVHSの勝利となりました。製品そのものの良し悪しではなく関連するソフトウェアの市場性が勝利したのです。しかし，その勝利者も現在ではすでにDVDに取って代わられ，さらに新メディアシステムに変わろうとしています。また現在の日本ではコスト削減に取り組むためには工場の海外移転等検討せざるを得ない状況にあり，産業の空洞化や国内雇用の減少を招くなどの問題を引き起こしています。このような事例を考えると顧客獲得を目指す企業には常にその市場性と将来性を見据えての決断が企業には求められていることがわかります。もはや企業はハード面から見て良い商品を生み出しているだけでは顧客を獲得して存続することはできず，多面的な課題と向き合わねばならないのです。

(1) 企業活動とホスピタリティ

ハード面で常に技術革新に努力する一方，企業はソフト面でも顧客獲得に努力しています。それが所謂企業のホスピタリティです。ハード面での顧客獲得も人（ヒューマン）の決断により左右されますが，ソフト面では全てにおいて人（ヒューマン）が関与しています。企業は自社商品を顧客に受け入れてもらうため最大限の努力をおしまないのです。いくら素晴らしい商品であってもそれを受け入れてもらうためにはホスピタリティが必要なのです。ホスピタリティとは企業と顧客との間に築かれる長期安定的な精神的「絆」であり，そのホスピタリティによって顧客が期待する事に応え続けることで企業はブランドを築き上げ「絆」を維持して行くのです。ハードやソフトの中でもプロシージャー等は一定期間過ぎると他社に追随される恐れがあります。しかし，人による感動によって構築された「絆」はいつまでも持続可能なのです。一方一旦低い評価を受けた場合，再び高い評価を得るまでには相当の時間と費用を要し困難を極めるのです。企業は自社ブランド確立のため社員に対し商品知識教育，接遇訓練等を行い人的資質の向上を常に計っているのです。

あるデパートの入り口にある案内所の出来事です。赤ちゃんを抱いた買い物帰りのお客様からこう尋ねられました。

お客様「授乳室はありますか？」

案内係「少し遠くてわかりづらいのですが，ここを真っすぐ行かれて，つきあたりの階段を降りたところを右に曲がり……」

笑顔で丁寧に案内する対応です。これでクレームを受けることのない普通の案内です。ここで考えて見てください。顧客の視点で想像してください。「授乳室までたどり着けるだろうか」「赤ちゃんや荷物を抱え階段を下りることはでき

だろうか」と不安に思うでしょう。

案内係はもう1名いるので案内所は留守にならない，
「遠くてわかりづらいので，一緒にご案内しましょう。お荷物お持ちしましょうか。」

期待を超える努力は顧客に「感動」や「大きな満足」をもたらします。顧客の期待を超える「感動」を呼び起こすような行動つまりプラスアルファの実践は難しいことではなく，常に顧客の視点からの行動を行えるように訓練すればよいのです。企業はそのために様々な教育や訓練を繰り返しています。しかし，本来は誰にでも出来ることであり，日々の業務の中で多くの人が実践しているのです。これらが積み重なることによってブランドを維持しリピーターを増やしているのです。

(2) 企業内ホスピタリティ

企業にとって顧客も重要ですが従業員も同等に重要です。従業員が高品質の製品を製造することや熟練した技能を発揮することにより顧客が維持できるのです。従業員を大切にするために資本主義社会では労働法を制定しています。従業員をめぐる資本主義社会での矛盾は仕事をすることによって収入を得る以外に収入を得る方法が従業員にはなく，経営者に対して社会的・経済的弱者であるということです。この矛盾を払拭するためには従業員と経営者が対等の立場に立つことが必要なのです。その対等の立場に立つことがホスピタリティの概念でもあるのです。従業員と経営者の関係を労使関係と呼びます。労使関係は2つに区分され，第一は集団的労使関係，第二は個別的労使関係です。集団的労使関係とは会社と組合の関係で対抗関係でもあります。相互不介入の原則のもと法律では労働組合法（労組法）等が適用されます。個別的労使関係は経営者と従業員の関係で使用従属関係になります。つまり労働契約に基づき労務を提供して賃金を貰う関係にあります。協業体制のもと法的には労働基準法（労基法）を中心に適用されます。ホスピタリティが発揮される労使関係は主として個別的労使関係に存在します。

(3) 個別的労使関係とホスピタリティ

個別的労使関係安定について何よりも重要なことは労使のコミュニケーションによる信頼関係を構築することです。ここで発揮されるホスピタリティは相手に対し自分の持つ情報を不断に与えることにより，お互いが相手の意志決定のプロセスを理解し合うことです。企業にとって必要な時だけ，しかも企業にとって都

合のよい情報のみを従業員に伝え，従業員の協力を求める態度では従業員の信頼を得ることは極めて困難になりホスピタリティの原則である労使対等の立場という概念からも逸脱することになります。昨今，非正規雇用が大幅に増加し社会問題化しています。被用者は意思決定を行使できるような余裕のある立場に置かれず，企業側が一方的に協力を求めるというケースが大半かもしれません。しかし，あくまで理想論を述べるならばどんな場合でも対等で良好なコミュニケーションが望ましいことには変わりありません。

　理想的な信頼関係構築のコミュニケーションには労使双方のホスピタリティが働いています。そして双方が発揮するホスピタリティによって「絆」が生まれなければ企業は維持されません。日本の大企業では良好な個別的労使関係の構築目的で経営者と従業員との距離を縮めることの必要性を認識して多様なコミュニケーション方法がとられています。これは日本的経営の特色の一つとも呼ばれています。大企業になれば経営トップの顔は入社式と定年退職式にしか見られないということもあります。これでは「絆」どころか信頼関係も生まれてこないのです。そこでたとえば社内報，各種社内研修，社内レクリエーションやインフォーマルグループ（非公式的な集団）も含めた会合，職場体操等がそのコミュニケーション醸成の一環として行われているのです。最近では携帯電話，メール等通信機器を介しての情報交換も盛んに行われ良好な個別的労使関係構築のコミュニケーション方法も変化しています。このように大企業で行われている各種人事労務政策はコストも必要となります。しかし，企業内での「絆」を確かめ合うことは企業の存続に関わる重要な政策であり必要経費と考えられています。

　個別的労使関係の基本は敵対関係ではなく協業関係にあります。つまりお互いにお互いの立場を理解することから始まり尊重しあう関係から成り立っています。企業によっては就業規則のなかに「会社は従業員を尊重し……」という文言が書かれている企業もあります。企業にはコンプライアンス重視の現代社会では事業発展を継続的に進めるために，従業員が安全で安心して働ける環境を作り，経営トップと従業員の意志疎通が円滑である企業運営が求められています。その要素としてホスピタリティが担う役目は大いに期待されています。

　一方課題としては現代社会において，仕事とプライベートを切り離し，与えられた仕事を終えた後は完全にプライベートな時空間であり仕事に直接関係のないコミュニケーションは不必要であるという考え方も生まれています。上記のような日本企業の伝統にとらわれることなく，ホスピタリティの発揮される，双方にとって望ましいコミュニケーションとはいかなるものか見直される必要もあるでしょう。

3　コミュニケーション能力とその実践

　ここまで企業におけるあるべきホスピタリティのかたちについて述べてきました。そのホスピタリティを企業内部において実践するためにはコミュニケーション能力を高める必要があります。企業内コミュニケーションの目的は単に情報・知識を伝えることや，相手を説得し自分の思い通りに相手をコントロールすることではなく，相手を理解し，自分も理解してもらう相互理解にあります。つまりベクトルを合わせることが狙いです。しかし，実際には誤解やすれ違いを生じることもあります。それは相手も自分と同じ考えを共有していると思い込んだ時です。これは無知・無理解によって生じるだけでなく，相手の置かれた状況への理解不足や表現能力不足によっても生じるのです。また，非言語メッセージである，表情，視線，服装，姿勢，話し方，合図，うなずき，沈黙等によっても起こることがあります。

　また対外的なホスピタリティの発揮に向け，企業ではトップの考えが誤解ない伝達によって隅々まで浸透するために経費を掛けて努力しています。それが企業内教育（研修）と呼ばれるものです。多くの企業では入社教育に始まり，商品知識教育など様々ですが，経営トップを交えた双方向情報交換教育や顧客とのコミュニケーションを中心にした教育も盛んに行っています。接客教育，マナー教育は直接顧客と接する現場を受け持つ社員にとっては必須となっています。企業と顧客の距離を縮める手段として現場を任される社員の役割は大きく，その企業の良し悪しの評価は現場社員が担っているのです。企業を判断する顧客の第一基準は「第一印象」で特に視覚情報が重要視されます。視覚情報とは挨拶，表情，身だしなみ，態度等です。続いて「聴覚情報」「言語情報」となります。「第一印象」は初対面から7秒～15秒で決まるといわれています。つまり会った瞬間15秒でその企業イメージが出来てしまうということになります。しかし，昨今インターネット等を利用した通信販売等顧客と直接会うことのない販売方法が盛んに行われています。直接的な情報のない顧客はネット上あるいは電話での応対に頼ることとなります。通信販売を主流とする無店舗型企業では，顧客との接点を拡充するために昔からの手法である手書きの手紙等を活用する方法もとられています。企業はあの手この手で「第一印象」をよいものにするための努力を研究しています。

4　今後の課題

　企業活動におけるホスピタリティがIT産業の発達と共に変化しています。これまで人と人が接することによって求められたホスピタリティが電子商取引においても求められることとなります。企業は直接顧客と会うことのないまま顧客によって作り出される企業イメージを，従来のホスピタリティに近づける努力をしなければなりません。またネット環境の拡大により取引のグローバル化も進んでいます。顔の見えない世界中の顧客に対し，その顧客の文化を理解し商品を販売することは困難が伴います。しかし，グローバル化を標榜する企業であればIT社会におけるホスピタリティの確立は乗り越えなければならない課題です。また，企業内では隣の同僚ですらメールでしか接点を求めない無縁社員と呼ばれる人達がいます。今後企業が目指すホスピタリティには人材育成も含め多くの課題が残されています。

考えてみよう！
　新入社員として入社した出社初日職場の先輩達に挨拶をしなければなりません。今後仕事も教えてもらわなければならない新入社員としてどのような挨拶をすればよいでしょうか。また，社長として新入社員にどのような挨拶をすればよいでしょうか。新入社員や社長になったつもりで挨拶文を考えてみよう。

さらに興味のある人に
　企業には労使関係が存在します。良好な労使関係を維持するためには労使双方ともに努力が必要です。労使の努力について双方の立場から考えて下さい。

【参考文献】
奥井礼喜（1981）『労働組合が倒産する』総合労働研究所
コトラー，フィリップ／恩藏直人監訳，大川修二訳（2003）『コトラーのマーケティング・コンセプト』東洋経済新報社
シェレール，ルネ／安川慶治訳（1996）『歓待のユートピア』現代企画室
萩澤清彦・山口俊雄編（1994）『労働法読本』有斐閣

18章 人材育成とリーダーシップ

青木義英

1 企業の宝は人材

　企業は様々な財産を持っています。土地・建物・機械・金銭・株式・商品等経済的価値のあるもの全てが財産になります。しかし企業活動を行う上での最も重要な財産は人材であり，現代では人財と書くこともあります。
　アメリカ大手旅行代理店オーナー，ハル・ローゼンブルースは「顧客第二主義」と題する著書の中で企業が一番大切にしなければならない財産は社員であると述べ，社員を大切にすることの重要性を説いています。この著書は「顧客第一主義」が常識のマーケティング界に衝撃を与えました。ローゼンブルースの主張がとりわけ当てはまるのは，サービスに関連する仕事分野です。
　社員を大切にしなければ，社員の勤務態度に影響が現れます。銀行の窓口が無愛想だったり，ホテルのフロントが眠そうにあくびしていたりしていれば，顧客はきっと取引先の銀行を変え，次回は別のホテルを予約するでしょう。
　ウォルト・ディズニーは「社員と良好な関係が築かれないかぎり，顧客と良い関係を築くことはできない」と，ローゼンブルースと同様の考えのもとディズニー社を経営していたことでも有名です。
　人材は企業の宝だからこそ，どの企業も優秀な学生を採用し，またその学生をさらに優秀な人材に育てることに腐心しています。企業では採用担当者が一人でも優秀な人材を採用するためにシステムを検討しています。また教育担当者は採用後の人材育成プランを研究しています。企業は未来の企業を切り開いていく優秀な人材の確保とその人材の流失防止に躍起になっているのです。昨今，企業から「人が不足しているのではなく才能ある人材が不足している」という言葉を耳にします。企業は即戦力の人材を求めるとともに，将来企業の中心となって活躍してくれることを期待する人材も探しているのです。

2　コミュニケーション力とホスピタリティ

　人材確保と育成が企業における重要課題であることは述べましたが，なかでもリーダーシップを発揮する人材を確保し育成して行くことが最重要課題となっています。部下を持つ役職に就いた者は管理者と呼ばれます。その管理者すべてがリーダーシップを発揮するとは限りません。予算や売上そしてコンプライアンス等だけに時間を費やしてしまっている者は単にそれらを管理しているにすぎず，残念ながらリーダーシップを持った管理者ではありません。企業にとって管理者は必要ですが，それにもまして優れたリーダーが必要なのです。経営学者ウォーレン・ベニスはリーダーと管理者の違いについて「現状を打破した人間と現状に屈服した人間の違いだ」と述べ，さらに「リーダーは人間に焦点をあわせ，管理者はシステムと構造に焦点を合わせる」とも述べています。

　それでは一体，企業が求めるリーダーの条件とは何でしょうか。様々な意見がありますが「仕事に対するビジョンと人柄によって尊敬を集められる人物」については全ての意見が一致しています。具体的には部下に対し長期的視野のもと企業の発展のため，「なぜ，何を，いかに」をキーワードとして現状に挑戦することを熱く語れるコミュニケーション力を有している人物といえます。

　現代では多くの企業は採用条件の一つにコミュニケーション力を挙げています。ここで求められるコミュニケーション力とは性別・年齢・職業・収入等様々な背景をもった顧客とのコミュニケーションに加えて企業内のコミュニケーションを適切にとれる能力です。

　企業内では「良い情報は正確に」「悪い情報は早く」という2原則があります。企業トップは一人で得られる情報に限りがあります。多くの部下から報告される情報が経営判断には欠かせません。常日ごろからトップとの間で風通しのよい良好なコミュニケーションが保たれていれば2原則は守られます。

　「良い情報は正確に」とは「はだかの王様」に見られるような自分に都合のよい情報のみ耳にするのではなく，「何が，どのように良いのか，誰がいつ，どこで，そのように言ったのか」等を正確に把握する必要性を指します。良い内容もくわしく聞いてみるとただのゴマすりだったりもするからです。「悪い情報は早く」とは企業危機管理に一番重要なことです。「爆弾テロの脅威にさらされています」「当社製品で怪我人が出たようです」等の情報がその例です。悪い情報の詳細を把握する前に，急ぎ企業内でリスクに対する体制を整える必要があるからです。その後情報を精査し必要に応じ体制を強化，もしくは縮小・解散すればよ

いことになります。

　しかし、「良い情報」も「悪い情報」もリーダーに伝わらなければ意味ありません。そのためにホスピタリティが必要とされているのです。ホスピタリティは企業内の双方向のコミュニケーションの上に確立されます。日ごろから社員を大切にするリーダーであれば、それに応えて社員はリーダーを信頼し現場の生情報を送ります。リーダーは情報を送られたことに感謝して次の指示を出すのです。風通しのよい職場は双方向のホスピタリティによって築かれた信頼関係の維持により成立っているのです。

3　コミュニケーション力と実践

　リーダーシップには部下との信頼関係を築くホスピタリティとコミュニケーション力が必要であることは述べました。それではそれらはどのように実践されているのでしょうか。

　実践は常に理論を基礎としなければなりません。またその理論は科学的でなければなりません。それと同時に理論はその正しさを証明しなければならないのです。そして何よりも重要なことはその理論が実践されることなのです。

　企業には必ず企業理念があります。その企業理念の下、経営者を含め全社員が人生や生活をかけて働いています。企業理念に共感し、「その企業で働いてよかった」といえる会社を目指すことによって顧客にも満足をあたえることが出来、また企業価値を高めることが出来るのです。リーダーはまずこの企業理念を企業内で繰り返し議論し徹底しなければなりません。

　リーダーに求められるコミュニケーション力は、常に「人として何が正しいか」を基本として物事を判断すると云うことです。当たり前のことですが「嘘をつかず、正直でいること」、「約束は必ず守り、人をだましてはいけない」。小さい頃、親や小学校の先生から教えられたことです。しかし、それが実行出来ている人は多くありません。人は何か問題が起きた時、自分を責めるよりも他人を責めたくなります。たとえば「そんなつもりではない」という発言も自己弁護でしかなく、本質にせまった発言ではありません。他人のアドヴァイスを受け入れる謙虚さもコミュニケーションでは重要な要素です。

　一方、職場で信念もなく部下に対し安易に迎合して厳しいことをいわない上司は、部下に対して愛情があるとはいえません。部下に厳しい上司は職場で往々にしてけむたがられます。厳しい上司の中には自己の欲望を満たそうとする利己的な上司もいますが、愛情を持って部下に向かう厳しい上司もいます。愛情を持っ

て厳しく指導することは部下を大きく育てることになり，将来に向けた人材育成につながります。その結果，上司として本当の信頼を得ることが出来るのです。上司はその信頼を勝ち得るために問題点をシンプルに捉え，明るく，常に土俵の真ん中で相撲をとる姿勢で部下と接することに努めなければなりません。

　それでは少し具体的に説明します。あるメーカー経営者が雇用安定のため「生産性10％向上」と指示したとします。現場のリーダーもそれに合わせ「生産性10％向上」と現場に言います。現場は「一体何をすればいいのだろう」となってしまいます。これでは現場リーダーはリーダーシップを発揮したことになりません。この場合，経営者の「10％向上」に呼応して現場リーダーは「部品を留めているネジを改良してみよう」と具体的な改善点を呼びかけたとします。そうなると現場は「これまで5回まわして留めていたネジと同じ強度で4回半まわして留まるネジを開発しよう」となります。これによって経営者の意図は伝わり現場のリーダーもリーダーシップが発揮されたことになります。しかし，このことは一朝一夕に出来ることではありません。経営改善をして何とか利益を出したい経営者は，生産性を10％程度改善することにより社員に対して安定的に給与を支給する見込みをつけます。それに呼応する形で現場リーダーは部下に過度の負担を掛けずに生産性を10％向上させる手段としてネジの開発に着目して着手する命令を出します。現場はこの開発によって雇用も確保され給与も安定すると判断して，ネジの開発に取り組むのです。つまり経営者は「ネジを4回半で留まるものにしろ」と細かな指示を出すことなく，現場リーダーが経営者の意図を正確に理解して，自分の責任で目標を達成する具体的方策を現場に指示出来たのです。このような企業は仕事を任せることの出来る現場リーダーを育成したことになります。

4　企業内教育とグローバル人材育成

　1990年バブル崩壊，1995年からのデフレ，2007年からの円高，と日本企業を取り巻く経済環境は全体として強い向かい風になっています。特に製造業においては工場の海外移転等が必要となり産業の空洞化が進んでいます。つまり国境を越えて仕事が出来る人材を育成することが急務となっています。しかし，これは企業が社員を海外に派遣するということだけではありません。企業に利益をもたらす事業であれば国境を越えて取引をすることは今や常識です。日本の企業もスペインで生産された野菜をロシアに売り，バングラデシュで生産された衣類をヨーロッパで販売，企業の給与計算を開発途上国に依頼する等，生き残りを掛けて最大限努力を重ねています。グローバル化した社会ではすでに国境は取り払われて

いるのです。日本国内でもみなさんの身の回りの物を見てください。衣類，食材，住宅建材等，衣食住においては円高メリットとともに海外からの製品に多くを占められています。世界中どこで生産されていても日本国内で安全で安心して使用出来るのであり，また日本国民に利益がもたらされるものならば，受け入れなければならない時代なのです。

　グローバル化に対応する人材育成は企業にとって必須ですが，残念ながらはかばかしくないのが実情です。グローバル化への対応は，ただ単に語学ができればよいという問題ではありません。海外の文化を理解する，つまり異文化理解が必要です。過去に欧米諸国が植民地運営で異文化世界に自分達の文化をそのまま持ち込んだり，地域研究が出来ないまま植民地運営を繰り返した歴史に学ばなければならないのです。しかし残念ながら企業教育ではそのレベルまで達していません。異文化に接することは現在も過去も同じ課題を抱えています。

　日本企業は数多く海外に進出し多くの日本人が各国で活躍しています。日本から派遣される社員のほとんどは異文化社会をいかに受け入れるかに関する教育を受けることなく，現地でのマナー教育や短期間の語学研修程度で即戦力として赴任して行きます。海外派遣社員は日本の習慣と現地の習慣の違いや，現地に精通していない本社からの指示と現地の実情に挟まれ苦労することになるのです。特に情報量の少ない国に赴任する場合，赴任先日本人会等の協力のもと生活を開始しなければなりません。赴任先のマナー，習慣等生活環境を整えることに必要な知識を現地で習得することは赴任する社員のみならず家族も同様です。現地コミュニティとの連携は海外生活には欠かせません。海外赴任期間が充実した楽しいものになるかどうかは，まさに現地コミュニティが発揮してくれるホスピタリティにかかっているのです。私の赴任したスペイン首都マドリードでは1950年代以降スペインで生活している日本人で組織された「日本人会」と日本からの企業派遣員で組織されている「水曜会」があり，相互に連携して日本人の生活面や仕事面で協力体制を整えていました。

5　人材育成理論と実践

　ヒヨコは卵の中で成長してやがて大きくなったら自分の力で殻を突き破らなければなりません。入社すると各企業ともは新入社員研修を行います。短い研修は2～3日，長い研修となるとOJT（On the Job Training）も含め全職場を経験する形で1年以上も行われます。企業は新入社員を一人前の社員として顧客との接客にあたらせるために相応の費用と時間を費やしています。その研修期間で新

入社員は出来るだけ知識を身に付け自分で殻を突き破るがごとく社会に出て行くことになるのです。

研修では就業規則，業務知識や業務文章の書き方についての研修に加え，特に接客部門では挨拶から始まる接客マナー，電話応対等，学生時代には学習することのなかった研修が続き，ＯＪＴが行

図1　企業内研修風景

われます。「研修生」というバッジをつけ緊張した顔付きの社員を見かけることもあると思います。接客部門では理論も教えますが，やはり実践が大切です。顧客の様々な要求に即座に反応するためには業務知識や接客理論だけでは満足のいく対応は出来ません。豊富な経験を持つ先輩や上司の後ろを追いながら現場で成長して行くのです。これは接客部門に限ることではありません。事務部門でも交渉テクニックや文章表現力についてはやはり経験豊富な先輩を見習い学んで行きます。企業人生ではどの分野でも先輩・後輩間にホスピタリティが必要となり，まさしくそのホスピタリティによって人材は育成されていくことになるのです。

🖉考えてみよう！
　リーダーの要件について話合ってみましょう。

🖉さらに興味の会える人
　社会でキャリアを重ねるために大学での学びと研究について「顧客のニーズにこたえる企業の姿勢」をテーマに話し合いをしてみましょう。

【参考文献】
コトラー，フィリップ／恩藏直人監訳，大川修二訳（2003）『コトラーのマーケティング・コンセプト』東洋経済新報社
シェレール，ルネ／安川慶治訳（1996）『歓待のユートピア』現代企画室
古井貞熙（2009）『人と対話するコンピューターを創っています』角川学芸出版

19章 旅行会社のホスピタリティ

田中　靖

1　はじめに

　旅行業は，個人や企業の移動，食事，宿泊，観光の手配だけに留まらず，様々なサービスを提供する産業です。現在では企業の販売促進のためのイベントやコンベンションの企画・運営，社員の福利厚生のための作業やサービス提供を引き受ける福利厚生アウトソーシングサービス，企業の業務出張の承認，手配，決済業務を効率化し出張費の軽減を図るビジネス・トラベル・マネージメントなど多岐の分野に及んでいます。しかしながら，旅行業の基本となる業務はやはり人を安全に早く快適に移動することをサポートする業務と言えます。本章では多岐に渡る旅行業の業務のうちから，店頭販売業務を中心に，旅行業におけるホスピタリティを考えていきます。

(1) 店頭販売業務とは？

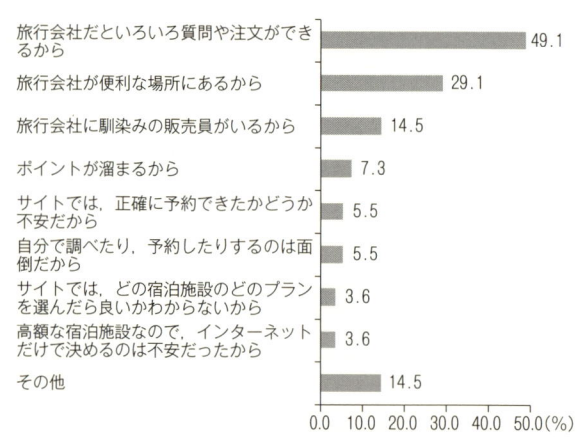

理由	%
旅行会社だといろいろ質問や注文ができるから	49.1
旅行会社が便利な場所にあるから	29.1
旅行会社に馴染みの販売員がいるから	14.5
ポイントが溜まるから	7.3
サイトでは，正確に予約できたかどうか不安だから	5.5
自分で調べたり，予約したりするのは面倒だから	5.5
サイトでは，どの宿泊施設のどのプランを選んだら良いかわからないから	3.6
高額な宿泊施設なので，インターネットだけで決めるのは不安だったから	3.6
その他	14.5

図1　直近の国内宿泊施設を旅行会社の店頭で申し込んだ理由（複数回答）
㈱ツーリズム・マーケティング研究所　旅行者購買行動調査（2011年3月）

　店頭販売業務とは旅行業の店舗で，お客様のニーズに応えて旅行の手段となる交通機関や宿泊施設を予約・手配したり，お客様のニーズにあったパッケージ商品（募集型企画旅行といいます）を販売したりする業務です。

　インターネットや

通信が発達してなかった時代には，航空会社や鉄道のチケットを予約するには，駅や旅行業の店舗に出向いて予約するか，電話で航空会社や鉄道に電話するしかありませんでした。盆や年末年始の座席の発売時期には旅行業の店舗が非常に混み合うほど，店頭業務の役割もお客様の求める交通機関や宿泊施設を早く正確に手配することが重要でした。また，インターネットが発達していなかった時代には，観光地や宿泊施設に関する情報もガイドブック以外には少なく，旅行会社の持つ情報はお客様が旅行するためには貴重なものでした。

交通手段やインターネットの発展とともに，お客様が旅行業に期待する業務は大きく変わり，現在では，交通機関の手配や宿泊施設の予約はお客様自身で可能です。お客様は，自分の旅行の予算と目的に合った交通機関や宿泊施設，パッケージ商品などを求めて店舗に来られるのです。店頭業務は，このようなお客様に満足していただける旅行を提案することが大きな役割となっています。

2 店頭業務とホスピタリティ

(1) お客様自身の好みとニーズを知る

お客様に満足していただける旅行を提案するためには，まずお客様がどのような旅行をしたいのか，普段，どのような旅行をされているのかだけでなく，どのような趣味を持たれて，どのようなことに興味を持たれているのかを知る必要があります。また，旅行の予算はどれくらいなのか，宿泊施設はどの程度のクラスの施設を求めておられるのかを知ることも重要です。

そのためには，店舗でお客様をお迎えした時に，限られた時間内の会話でできるだけ性格や好みを知ることが必要です。お客様の来店目的である旅行のご要望をお伺いしつつ，にこやかにお迎えして，さりげなく話題をお客様の趣味や興味のあるものに振って，進んでお話いただける雰囲気を作るように工夫します。

旅行と関係のない話題は，一見無駄なようで結構役に立ちます。たとえばお客様が写真好きと分かると，観光タクシーやハイヤーなどを手配する時に，ベスト撮影スポットを入れるよう依頼しておけば大変喜ばれます。こうした話題はお客様を知る上でもお客様の信頼を得る上でも大切な情報収集なのです。

また，普段旅行されるときに，どのような宿泊施設やパッケージ旅行を利用されているかや，1泊あたりの料金の目安をお伺いすると，お客様の求めている旅行がよくわかります。1泊2万5千円以上の旅館を利用される方は，和風旅館の食事や雰囲気，サービスについてよくご存知の方ですし，1泊1万円以下のホテルを利用される方は，宿泊施設よりも旅行で見たいもの，体験したいものを重視

される方と言えるでしょう。さらに同行者によって，旅行の目的も宿泊施設のクラスも異なりますから，そのあたりをさりげなく引き出すことも大事です。

(2) お客様への対応

　お得意様になって何度もご利用いただくと，お客様の好みや旅行経験もよくわかりますし，お客様に合った旅行をお勧めすることも容易になります。ところが，お客様が来店された時にたまたまいつもの販売員がいなかったり，ボイスコール（番号案内機）と順番札で案内されるので，お目当ての販売員とは異なる販売員に通されたりすることがあります。このようなケースに対応するために旅行会社では様々な工夫をしています。

① お得意様の趣味・嗜好にあった旅行をお勧め

　販売員はお得意様のデータを管理して自分が対応したお客様の利用実績や特徴をデータにまとめています。夏や年末年始，春や秋などの旅行の発売時期が近づくと，販売員はお得意様にお勧めの旅行をメールや電話でご案内しますし，お客様の方も自分の好みをよく知っており，信頼できる店頭販売員に任せた方が確実です。ベテランの店頭販売員になると，家族構成や家族旅行の予定なども熟知しており，お得意様は申込時にはほとんど来店されず，電話やメールのやりとりだけで旅行を販売してしまうこともしばしばです。

② ロビーマネージャーの活用

　ロビーマネージャーは，お客様をお迎えしてお声をかけて，番号札をお取りすると同時に，店頭が混み合ってお待ちの間に旅行のニーズや要望をあらかじめお伺いして，順番がきたときに店頭販売員に内容をメモでお伝えする係です。店頭業務や販売員のスキルを熟知した社員が務めることが多く，お得意様をお目当ての販売員にお通し出来るよう，配慮をするのもその役割です。

③ お得意様の利用実績照会

　応対した販売員にとって初めてのお客様でも，自社を何度も利用していただいたお客様である場合は多いです。こうしたお客様に初めてのお客様と同じ応対をすると，不満をもたれることも多いです。お客様の名前や電話番号で検索して利用実績を照会することで，過去の利用実績やお客様の嗜好もわかりますし，登録情報からお客様の住所や電話番号をシステムに呼び出すことで，お客様に来店の都度，同じ内容を記入いただく労力をおかけすることもありません。もちろん，これらはお客様の大事な個人情報ですので，きちんと管理しています。

④ クイックカウンターの設置

　お客様のなかには，自分でほとんど旅程を決めていて，必要な手配をするため

だけに来店される方もあります。自分の決めた内容をすみやかに手配して欲しいために来店されるお客様のために，ほとんどの旅行会社では鉄道や航空会社の受付窓口は座席のないハイカウンターにしています。さらに，宿泊施設やパッケージ商品なども確定しているお客様のために，すみやかに予約・精算・旅行案内書の引き渡しを行うクイックカウンターを設けている店舗もあります。

⑤ 専用フロアや専門店

　旅行会社には海外ウェディングやクルーズなど，1回のご旅行に何百万円もかかる旅行を申し込まれるお客様も来店されます。大規模な店舗では，このようなお客様のために，特別なフロアや応対用の個室を設けている店舗があります。ロビーマネジャーはこのようなお客様が一般カウンターに来店されると，専用フロアや個室に案内します。また，ウェディングやクルーズなどを専門に扱う専門店を設けている旅行会社もあります。

図2　専用フロア

(3) お客様との連絡

　来店されたお客様がすでに旅行を申し込まれたあとに，必要な手続や変更内容をお知らせするために，お客様と連絡を取らねばならないケースは多いです。天候悪化や現地の災害や事故のため，予定された旅行を中止する場合や，出発直前の確認が必要な場合もあります。ところが，お客様がお仕事中であったり，不在であったりして，なかなか連絡が取れない場合も多く，また，日中は店頭業務が忙しく，連絡のために夜に残業して電話で連絡することも多いです。

　旅行会社では，このような連絡のために携帯電話メールを活用する方法を進めています。お客様が来店された時に連絡事項をお伝えするためのメール登録を徹底しています。販売促進のためのダイレクトメールと区別し，必要な連絡事項に限定することで，お客様のご理解も得やすく，評価も高くなります。

　また，電話による連絡は日時や金額を書き取ってもらう必要がありますし，内容の聞き違えやトラブルのもとにもなりました。携帯メールによる連絡はこのようなミスが少なく，確実な連絡が可能となりました。

(4) 電子カルテの導入

　大手では，電子カルテを導入している会社もあります。従来，旅行の手配はお客様に記入してもらった旅行申込書をもとに紙カルテで管理してきました。必要

な交通機関や宿泊施設の予約はシステムで行うことが多く，1枚の紙カルテに複数の手配内容や入金・精算の記録や連絡事項を書き込んでいき，出発日ごと，あるいはお客様の名前順に管理をしています。ところが，お客様が来店されたり，問い合わせがあった際に紙カルテがなかなか見つからない場合がありました。また，細心の注意を行ってもミスをすべて防ぐことは難しく，繁忙期には紙カルテに伴う記入ミスや記入漏れ，連絡漏れなども散見されました。

電子カルテを導入することによって，手配内容は予約システムから自動的に引き継がれるため，転記ミスはなくなります。また，紙カルテを探している間，お客様をお待たせすることもなくなりました。お客様への連絡漏れも，日々のtodoリストを確認することでほとんどなくすことができます。

また，電子カルテは店舗から離れた場所でも閲覧できるので，お客様からの電話問い合わせの対応や必要な手配業務を別の個所で行えるようになり，電話対応業務を別の場所に集約することも可能になりました。東日本大震災のように申し込まれた店舗自体が被害を受けた時にも，お客様の申込内容はデータに残っているので，東京で専用窓口を設けて対応することもできました。

3　おわりに

近年は旅行会社の店舗を訪れる前に，かなりの情報を調べて来られる方が多くなりました。個別のイベントや宿泊施設については，販売員より情報をお持ちの方も多くいらっしゃいます。それでも旅行会社の店舗を利用されるのは，「このパッケージ旅行を利用して見たい所が十分に見られるのか」，「このパッケージ旅行の自由時間で自分のしたいことができるのか」，「この商品と別の商品では随分価格が違うけれど何がこんなに違うのか」といった疑問を持っておられるためです。ある意味では，販売員が「この商品が一番あなたに合ってます」と勧めてくれることを期待しているのです。ですから，宿泊施設のランキングや部屋の広さなど，インターネットで得られる情報ではなく，お客様の旅行の目的に合った旅行をお勧めできるかどうかが，大きな意味合いを持ってきます。

ところが，実際の多くの販売員はお客様より年齢が若く旅行経験も豊富ではありません。自分では泊まったことのないような高級旅館をいかに勧めるかをきちんと指示してくれるような解説書も少ないです。お客様の方が販売員よりも旅行経験も旅行に関する情報も多くもつ状況が当たり前になってきています。

販売員の財産は店舗を訪れる方の経験や評価に触れることが可能だということです。WEBサイトにある評価は旅行経験や予算によって大きく変わります。若

い人が大きく評価していても，旅行経験のある人には物足らない宿泊施設もあります。販売員は旅行された方の感想や評価を通じて，個々の旅行や施設がどのようなお客様に高く評価され，どのようなお客様が不満を感じられるかを知ることができます。お子様連れの旅行はどのような施設が好まれるのか？　年配のお客様にはどのような配慮が喜ばれるのか？　販売員のスキルを高め，お客様に満足いただくためには，来店されるお客様を通じてどれだけ価値ある情報を自分のスキルとして蓄積できるかということになります。

　また，店舗の売れ筋の方面や観光地の事情については，同じ店内の販売員と情報交換をすることで自己の経験を補うことが可能です。そして観光地や宿泊施設に出かける機会があれば，自分が蓄積した情報を現地で検証することができます。社内の資料やインターネットの情報だけに頼るのではなく，お客様の眼や自分自身の経験を通じて旅行の満足度を高める努力が，プロの旅行販売員としてのホスピタリティを磨くことにつながるのです。

🔍 考えてみよう！
　日本国内の旅行では1泊2日や2泊3日の旅行が主流で，利用する交通機関は自家用車が60％を超えます。ところが，旅行会社を利用する場合は航空機や鉄道が多く，自家用車少なくなります。なぜ，旅行会社を利用する人には自家用車を使う人が少ないと思いますか？　旅行会社を利用する価値から考えてみて下さい

🔍 さらに興味がある人へ
旅のお店のベスト活用法　JTB首都圏 http://www.jtb.co.jp/e/omisearuki/basic_01.asp
トラベル・カウンセラー制度　日本旅行業協会 http://www.jata-net.or.jp/counselor/outline/
JTBロイヤルロード銀座 http://www.royalroad.jp/

【参考文献】
観光庁（2007）「観光マネジメント高度化のための人材育成検討会」報告書 https://www.mlit.go.jp/common/000059340.pdf
財団法人日本交通公社（2011）「旅行者動向2011」
㈱JTB総合研究所（2012）「JTB REPORT 2012日本人海外旅行のすべて」
社団法人日本旅行業協会（2004）「更なる国内旅行にむけて──新時代の旅行業の役割」
　　http://www.jata-net.or.jp/membership/info-japan/research/index.html
日本旅行業協会　トラベル・カウンセラー制度 http://www.jata-net.or.jp/counselor/outline/
松井政就（2007）『旅行No.1販売員は全員フツーの人でした。でも，売上げ1億円以上！なぜ？』光文社ペーパーバックス

20章 客室乗務員のホスピタリティ

永田順子

1 はじめに

　航空会社の最大の使命は，旅客や貨物を安全に目的地まで届けることです。
　まず「安全性」が航空会社にとって何よりも優先されなくてはなりません。そして，この「安全性」を大前提に「定時性」「快適性」というサービスの向上が航空会社の競争力の決め手になります。鉄道，バスなど公共交通機関に比べて圧倒的に高速で移動できる空の旅は，これらの「安全性」「定時性」「快適性」なくしてその優位性は保てません。
　近年LCC（Low Cost Carrier 格安航空会社）の台頭で航空機の利用が身近になり，サービスよりも運賃の安さで航空会社を選ぶという傾向がみられます。LCCはサービスを最小限に抑えてそれを運賃に反映するということを最初から謳っているため，旅客はサービスに大きな期待は持ちません。日本でLCCが定着するか否かは，旅客が航空会社に過剰な期待をしないことがポイントになります。
　一方，従来の航空産業において，閉鎖された空間で空を移動するという特殊な環境で，いかに「快適性」に優れたサービスを提供するかは航空会社の評価を大きく左右するものです。既存の大手航空会社に対しては，運賃に見合った高品質なサービスへの期待が大きいため，各社は快適性に関する積極的な取り組みを行っています。機内サービスにおいては，座席，機内エンタテイメントシステムの設備，機内食，アメニティなどの品質向上を目指していますが，このようなハード，ソフト面の改良はすぐに他社に追随され大差ないものになってしまいます。
　それでは，快適性の優位は何によって決まるのでしょうか。
　それは，人が提供するホスピタリティあふれるヒューマンサービスです。
　航空会社で主に直接旅客と接するのは，予約スタッフ，空港スタッフ，客室乗務員です。その中でも，旅客と接する時間が一番長く，仕事ぶりが目に見えやすいのが客室乗務員の仕事であり，その航空会社の印象，評価に大きな影響を与えます。それが，「客室乗務員は航空会社の顔」と言われる所以です。この章では

航空会社の客室乗務員が目指すホスピタリティについて紹介します。

航空機を利用する旅客の職業，国籍，年齢，旅の目的は様々です。既存の大手の航空各社は，大量輸送の手段である航空機のサービスを個々の旅客の期待を満たすサービスを念頭に戦略を練っています。従来の画一的な顧客サービスから一人ひとりの個客サービスを目指すという方向性を鮮明にしているのです。たとえば，機内エンタテイメントを例に挙げると，以前の機内映画といえば仕切られたそれぞれの客室の前方にスクリーンがあり，映画館のように一斉に映画を見るというものでした。しかし，現在の多くの航空機では，それぞれの座席に個人画面が装着され，好きな時に好きな映画を楽しめます。また座席の居住性も格段に向上したことから，睡眠をとる環境も改善され，旅客の機内での過ごし方は多様化しました。客室乗務員が決められた機内サービスを正確に迅速に提供するという当然のサービス品質に加えて，もう一歩踏み込んだ旅客それぞれの過ごし方に合ったサービスを提供できるかどうかが大きな競争力になります。

マニュアルや教育により，業務知識，サービスプロシージャー，接客マナーなどある程度のサービス水準を保つことはできますが，大手の航空会社の旅客にとって，それは当たり前であり，航空会社選択の決め手にはなりません。旅客にまた利用したいと思わせる最終的な動機を与えるのは，限られた環境の中で，客室乗務員一人ひとりがホスピタリティを発揮し，個々の旅客の期待に応えるヒューマンサービスを提供することが鍵となります。

したがって，乗務員一人ひとりのモチベーション，ホスピタリティを高めるための効果的な教育，職場環境を整えることなどが航空会社にとっては経営戦略の重要な課題となっています。

2　客室乗務員の目指すホスピタリティ

(1) 第一印象

航空会社のサービスの良し悪しの評価は，客室乗務員の印象によって大部分が決まるといっても過言ではありません。機内サービスだけでなく，空港で制服を着て歩いている時にも，その印象によって会社のイメージは左右されます。したがって，客室乗務員の採用面接でも，第一印象は合否を決める大きなポイントになります。一般的には明るく親しみやすい第一印象が求められます。

日常生活でも，初めて会った人の会話の内容より，表情，身だしなみ，姿勢，態度などにより，その人となりを判断することが多いのではないでしょうか。客室乗務員の入社直後の新人教育においても，社会人としての基本的マナーと

して，TPO に合わせた挨拶，笑顔での接客，姿勢などが徹底的に叩き込まれますが，仕事の場だけでなく日常生活においてもそれらを習慣付ける努力が必要です。身だしなみの基準については航空会社によって様々ですが，いずれの会社もそれぞれのサービスコンセプトに合った統一美を守ることが要求されます。

(2) 旅客とのコミュニケーション

日常生活において，人との良好な人間関係をつくるためにコミュニケーション力は欠かせませんが，客室乗務員に求められるホスピタリティには「旅客が何を期待しているかに気付く力」「期待に応えるため何をすべきか考える力」「気持ちを行動に移す実行力」が求められています。

① 旅客が何を期待しているかに気付く力

気付くことは，周りに関心を持つことから始まります。機内サービスで飲み物，お食事のサービスをしながらも表情，しぐさ，会話をとおしてできるだけ個々の旅客を観察し，何を考え，何を望んでいるかに注意を向けます。体調，旅行の目的，旅慣れているかどうか，どのような接客を望んでいるかなどにアンテナを張り巡らすことが，その後のホスピタリティ発揮につながります。そして機内の温度，音，匂いなどにも常に敏感になって旅客の快適性を心がけています。

この気付く力は，それまでの生活環境や本人の資質などにより個人差がありますが，日常生活の中で意識することによりさらに高めていくことができます。人に対してはもちろん，本，映画，芸術，スポーツなど幅広く興味を持ち，違う価値観を知る，そして認めることで感性が磨かれ，気付く力が養われていきます。

また，コミュニケーション上手は聴き上手といわれるように，気付く力に聴く力は欠かせません。話すことは自分が主体になりますが，聴くという行為はあくまでも相手が主役です。旅客の立場を尊重して聴くことにより，さらに旅客の期待に近付くことができます。

② 期待に応えるために何をすべきか考える力

常に旅客の立場に立って，その状況で何ができるか最善の方法を考えます。サービスの評価は受け手により決まるものであり，状況への臨機応変な対応が求められるため，マニュアルにすべての方法は反映できません。そして，長い経験があってもただ作業としての仕事をしているだけでは，決して何をすべきか考える力は身に付きません。考える力を深化させるためには，自分の経験また他の乗務員の経験を手本にして積み重ねた自分自身の生きたマニュアルを作ることが必要です。時には失敗することもありますが，失敗は決して無駄にはならず，次に生かすことによって自分のマニュアルの厚みを増すことができます。

③ 気持ちを行動に移す実行力

　気付き，気持ちはあっても，機内のサービスの状況，タイミング，他の旅客との公平性なども考慮する必要があり，それを旅客に伝えることはなかなか難しいものです。しかし，その状況の中で最大限できる一歩先のサービスをすることが旅客の感動につながり，また利用したいというリピーターを生むのです。

　たとえば，機内食をほとんど食べ残している旅客がいた場合，ただ黙って食事のトレーを下げるだけでなく，「お口に合いませんでしたでしょうか」などと声をかけます。本当に食事が美味しくなくて残しているのか，体調が悪くて食欲がないのか，満腹のため食べられなかったのか，さりげない会話から旅客の状況を把握します。食事が美味しくない，口に合わないという場合は，出来るだけ旅客の意見をうかがい，必要とあれば機内食担当部署に伝え改善を促します。また体調が悪い場合は，他に提供可能なものを勧めたり，機内常備の薬を紹介したりして旅客の体調を把握します。そしてその後もその旅客の様子を何気なく観察し，時折声をかけて旅客が少しでも機内で快適に過ごせるよう気遣います。

　このような客室乗務員の一歩踏み出したサービスの積み重ねが，旅客の信頼と安心につながるのです。

(3) 仲間同士のコミュニケーション

　機内でのホスピタリティあふれるサービスを実践するためには，仲間とのチームワークが欠かせません。そのため事前の打合せ，基本的な報・連・相（報告・連絡・相談）を確実に行う必要があります。それにより，乗務員全員が旅客の情報を共有し，機内全体でタイムリーなサービスを提供することができ，また不満やサービスでの不手際を防ぐことができます。また報・連・相に加えて確認というプロシージャー（手順）が大切です。人はミスをするものという前提に立って，相互確認することでミスを最小限に押さえることができます。客室乗務員には，サービス要員としてだけではなく，保安要員という重要な役目がありますが，安全に関する確認はすべて複数の目でチェックを行います。そして，乗務終了後には，良かったこと，改善すべきことを確認して次の乗務に活かします。

　また，航空会社の各部門の仕事はそれぞれの専門性が高いため，とかく情報伝達が遅れたり，滞ったりする可能性があります。職種は違っても相手の立場を理解し，専門性を活かして知恵を出し合い，航空機を運航するという一つの目的に向かってチームワークよく実行することで旅客の満足の度合いを高めることができます。旅客の一番近くで長い時間接する客室乗務員でなくては得られない生の声の情報は，新しいサービスを開発する上でも大きな役割を果たします。特に旅

客の不満の声のなかから問題点を感知し，それを的確に迅速に関連部門に伝えることで多くの改善がなされています。よって，客室乗務員の一部は，乗務だけでなく，現場感覚を活かして，企画部門，営業部門などでも活躍しています。

（4） 体調管理

　客室乗務員の仕事は見かけ以上に体力，気力を要する仕事です。

　勤務時間は不規則であり，職場は空気の薄い空の上，また国際線を乗務する場合は，時差，気候，食べ物の違いなどの特殊な仕事環境ゆえに，体調管理には人一倍気を遣わなければなりません。地上の仕事であれば，少々風邪をひいても仕事はできるでしょうが，乗務員の場合，航空性中耳炎になる可能性があるため乗務できなくなることもあります。途中の滞在地で体調を崩し乗務できなくなった場合，代替乗務員の手配ができずサービスに大きな支障をきたすことになります。体調万全の状態で乗務することで，心身ともに余裕が生まれ，きめ細かいサービスをすることができるのです。客室乗務員は滞在先で，観光，ショッピングなど自由時間を楽しむこともありますが，常に乗務の時の体調がベストになるように，自分にあった方法で自己管理を行っています。

（5） 教育と自己啓発

　航空会社は，安全，サービス，マネージメントなどの教育により客室乗務員の能力向上に努めています。

　新人教育では，安全の知識，航空関係の専門知識，基本的マナー，機内サービスの専門知識などを勉強しますが，特に安全に関する知識，実地訓練に関しては，厳しく教育されます。すでに乗務経験のある客室乗務員全員にも安全に関する教育は定期的に行われ，この訓練を受けない限り乗務はできません。定期救難訓練では，知識の確認と機種別の航空機の模型の中で脱出，火災が起きた時などを想定して実地訓練が行われます。定期救難訓練により，新人もベテランも，緊急時の対応を確実なものにし，自分たちの仕事の基点は「安全」であるということをさらに認識するのです。安全と快適性は両立しないこともありますが，迷った時には必ず安全が確保される方法を選びます。

　接客に関する教育は，内容によって集合教育で行われますが，マニュアルに書けないその場に応じた対応は，実際の機内での経験，先輩たちから引き継がれてきた伝承により身に着けていきます。

　そして，多くの客室乗務員は自己啓発にも熱心に取り組み，自己の成長のために広い分野に関して勉強しています。業務に関係したものでは，ソムリエ，利き

酒師，チーズマイスター，ビアテイスター，ベジタブル＆フルーツマイスターなどの資格を取得し，その知識を機内サービスに活かしています。また，手話，サービス介助士などの知識は，お体が不自由な旅客に何よりも安心と信頼を感じていただけます。コミュニケーションの道具である外国語は，グローバル化が広がるなかで必須であり，英語だけでなく，特にニーズの高い中国語，韓国語の習得に取り組んでいます。

　教育と自己啓発を継続的に積み重ねることで，プロとしての幅を広げ，ホスピタリティを発揮する原動力となるのです。

3　今後の課題

　今後の厳しい航空産業の競争の中で生き残っていくためには，まず，旅客がその航空会社を利用しようという魅力を提供できること，そして，また利用したいという感動を与えるそれぞれの強みを活かしたサービスをいかに提供していくかを追求していくことが求められます。

　ヒューマンサービスに対する評価は，航空会社のブランド力に大きく影響しますが，その質に関しては，社員の資質，やる気など精神論で片づけられている傾向がありました。今後は，ヒューマンサービスに関しても適切な投資と旅客のニーズに合わせた戦略が必要です。そして，何よりも社員一人ひとりが，ホスピタリティの重要性を理解し，自社ブランドに基づいたサービスの中でそのホスピタリティを十分発揮しようという気概とたゆまぬ努力が必要です。

　自分たちのサービスで旅客が満足してくれたと実感できた時，また旅客から「感謝」というホスピタリティをいただいた時，お給料以上にうれしい報酬を受け取ることができ，さらなる成長への糧となるのです。

🖉考えてみよう！
　接客の基本と言われる，接客の5原則「挨拶」「表情」「言葉遣い」「身だしなみ」「態度」について，それぞれ何が重要か考えてみましょう。

🖉さらに興味のある人へ
　既存の大手航空会社と格安航空会社（LCC）のサービスコンセプトの違いについて調べてみましょう。

21章 ホテルでのホスピタリティ

西田淑子

1 ホテルとは

 日本では，宿泊業を厚生労働省所管の法律「旅館業法」で「宿泊料を受けて，人を宿泊させる営業」と定義され，「ホテル営業，旅館営業，簡易宿所営業，下宿業」の4種に分類しています。また外客に対する接遇を充実し国際観光振興に寄与することを目的とした観光庁所管の「国際観光ホテル整備法」があり，ホテル・旅館は一定の基準を満たせば登録することができます。
 本章では，旅館業法のホテル営業の中で，複数のレストラン，複数の宴会場など，複数の機能を有する都市部に立地するホテル，いわゆる一般的な「シティーホテル」を取り上げ，そこでのホスピタリティについて説明して行きます。

2 シティーホテルの商品価値

 シティーホテルの商品価値は，客室やレストラン，宴会場，ロビーの構造やインテリア，設備，アメニティグッズやタオルのような用品などのモノ，つまりハードウェアとしての価値が50％，ホテルスタッフの接客，つまりソフトウェアとしての価値が50％だといわれています。
 ホテルのハードウェアは，経年使用やメンテナンス不備等によって，またお客様のニーズとの不適合によって商品価値は下がります。シティーホテルは，ハードウェアの初期投資額の割合が大きく，その金銭的価値が商品価値の一つでもあります。したがって，ハードウェアの更新は容易ではありませんが，そのハードウェアの短所をソフトウェアで補うことによって，全体の商品価値のバランスを保とうとするのがシティーホテルです。たとえば設備の電球切れ，汚れ，がたつき，傷などは，もし見つかれば迅速に改善することが，日常業務でもあり商品価値低下を防ぐ方法でもあります。つまりハードウェアは常に清潔で快適であることが，商品としての前提となっています。

3　サービスとホスピタリティの違い

　服部勝人氏によれば「サービス」と「ホスピタリティ」の意味の違いは、「サービス」は、「客の意思が優先され、提供者は一時的従者としての役割を演じる」ことによって成立し、「ホスピタリティ」は、「もてなされる側の客人がもてなす側の主人と対等」であることによって成立する、つまり客と主人の関係性が異なるとしています。

　それではサービスとホスピタリティについて、ホテル業務の中で、どう違ってくるのでしょうか。加藤鉱・山本哲士両氏は「ホスピタリティは一般化できないが、サービスは一般化できる」つまり、同一条件下全てのお客様に対し、同一に提供し、それをお客様が享受し得るのが可能で、かつその役割のホテルスタッフが全員、それをすることが可能であることが「サービス」です。

図1　フロアサービスアシスタントマネージャー

　「ホスピタリティ」は、同一条件下のお客様であっても、その時の状況や、ホテルスタッフとの関わり方による要素が、ホスピタリティの条件となります。ホスピタリティは業務に、個性を発揮する機会で、お客様に、より喜んでもらったり、より楽しんでもらうため、そのお客様のために行うことが、ホテルにおけるホスピタリティの重要な要素です。

　たとえば、ロビーで、小さなお子様連れのお客様から、トイレの場所を尋ねられたとき、トイレの位置を分かりやすくご案内することはサービスです。その際、トイレを利用したいのが大人のお客様であって、お子様のトイレ利用が不要だということが判ったとき、「お子様とご一緒にお待ちしていましょうか？」とご案内することによって、お客様がより快適にトイレを利用できる提案も出来ます。この提案こそがホスピタリティです。

　もしホスピタリティがマニュアル化できれば、それはサービスとなります。たとえばハウスキーパーが担当する客室が、外国人客だと判ったとします。ハウスキーパーのアイディアで折り鶴を客室に置けば、その外国人のお客様が喜ぶかもしれません。その思いこそがホスピタリティなのです。そして全ての外国人客が利用する客室には折り鶴を置くことがマニュアル化されれば、これがサービスになります。サービスは、過去のお客様の反応が、現在の同じ状況のお客様に対す

る接客行動の基準となり，ホスピタリティは，今現在関わっているお客様の反応が，現在のそのお客様に対する接客行動の基準となります。

ホテル業を演劇に例えると業務内容はストーリーであり，サービスはシナリオです。そこにシナリオにはない，ホテルスタッフという役者が，偶然に加えたアイディアの実行，アレンジがホスピタリティです。

4 ホテルのホスピタリティの実際

図2　フロントレセプション

ホテルは宿泊のための客室，というプライベートな空間が商品である一方，ロビーのように誰でも出入りが自由に出来る公共性の高い場所も商品です。

ロビーを担当するベルキャプテンが馴染みのお客様に「まいど」と挨拶をしているのを聞いたことがあります。「まいど」は，「毎度，多きにご贔屓くださいまして，ありがとうございます」と言うような，大阪の丁寧な挨拶の言葉を，短くしたカジュアルな言葉です。ベルキャプテンは礼儀正しい挨拶ができるにも関わらず，その馴染みのお客様に「まいど」と言うことの意図を質問すると，「お客様が，それを望むからだ」と説明してくれました。お客様とベルキャプテンとの間には仕事の義務としての関係ではなく，人と人との心の交流が存在していたのです。

私がホテルに勤めていたときに経験した話をしましょう。

ロビーに大きなクリスマスツリーが飾られたある年の12月に，ロビーを通りかかると，クリスマスツリーの前に，小学生のお子様2人とお母さんが並び，その3人の写真を撮ろうとしていたお父さんを見かけました。「よければ，お撮りしましょうか？」と声を掛けて，4人の写真をお撮りしたことがあります。後日，送られてきた手紙にはこう書かれていました。

「家族旅行でした。泊まるところは別の宿でしたが，せめて気分だけでもと思い，ホテルのロビーに入りました。ホテルの人にシャッターをお願いするのは気が引けていましたが，声を掛けてくださったので，家族全員で写真を撮ることが出来て，いい思い出ができました。ありがとうございます」

ホテルのホスピタリティは，そのときの機会を活かしたアレンジから生まれるものであり，ホテルスタッフのお客様に対する愛情表現でもあります。期待通り

の，型通りの接客によって満足を提供することだけでなく，「喜び」という感情の実現をお手伝いする事が，ホテルとしてのホスピタリティです。

5　ホスピタリティの学び方

　ホスピタリティは機会を活かしたアレンジです。ですから普遍的なパターンはありません。しかし練習は簡単です。たとえば仕事だけに限らず，日常やプライベートで，小さな喜びを発見し，作り出す経験の蓄積がホスピタリティ能力を向上させます。
　また，観察をすることも重要です。ホテルのロビーには様々な目的を持った人が出入りしています。観察を続けていると，そのうち見ただけでも，目的がある程度分かってくるようになります。優れた能力を発揮するホテルスタッフは，観察だけでなく，お客様に積極的に挨拶をしたり，話しかけたりします。それによりお客様との間に，信頼関係や心の交流が生まれるのです。信頼関係や心の交流が生まれると，お客様の方から声を掛けたくもなります。そんなホテルスタッフが理想的です。かつて，日本のホテルでは，お客様が要望するまで「待つ」サービスが，ホテルの標準のサービスだったのですが，今日では，積極的に関わっていくことが，ホテルの標準サービスになっています。答えのないところに，答えを発見するのが，ホスピタリティの能力なのです。
　アメリカでの私の体験をお話しましょう。
　アメリカ，イエローストーン国立公園内のホテルのメインダイニングに，夕食の予約時間に行くと，入り口で女性スタッフにロビーで少し待つようにと言われました。中を見ると席は空いているにも関わらず，です。ロビーでは弦楽のライブ演奏があり，ドレスアップした欧米人の男女10名ほどが，お酒を手にソファに座っていました。そこで私たちも，空いているソファーに座りました。しばらくすると，黒服の恰幅のいい男性スタッフが声を掛けてきました。ロビーからレストランの席までの数十メートルの間，話しかけるだけでなく，満面の笑顔と共に，上機嫌で弾むように私たちの周りをダンスしながら回ったかと思うと，私の手を取りくるっと舞わせてくれたりもしました。いわゆるホテルらしく，行儀よく案内することもできたはずですが，その代りに私たちをパフォーマンスで楽しませてくれました。ドレスアップした欧米人の中で，日本人の若い女性がぎこちなく座っていると，緊張してるということが誰にでも分かります。そこで私たちがリラックスできるように配慮してくれたのでしょう。
　お客様が，より楽しみ満足するには，料理の美味しさだけでなく，レストラン

の環境の演出，サービスの方法に加えて，お客様自身の状態も重要な要素です。そのお客様が，今，どういう状態にあり，何を望んでいるのか，というのは，目の前で直接お会いしたときに分かります。観察したり話しかけたりすることによって，お客様に合わせながら，機会を活かしたアレンジを加えること，これがホテルのホスピタリティです。

ホテルのホスピタリティとは，ホテルという舞台で，お客様とホテルスタッフの関わりから生まれます。それは「喜び」という「感動」を演出します。ホテルはホテルスタッフによって，お客様に感動を演出する劇場なのです。

6 ホテルのホスピタリティは「感動」

ホテルの仕事は，外から見ると華やかな仕事に見えますが，実際には地味な仕事です。華やかなのはお客様であって，ホテルスタッフはお客様が主役らしくあるために，主役をサポートするための脇役であったり，あるいは裏方であったりします。「伝説のホテルマン」と言われた窪山氏はその著書で「非常に厳しい部分もあるが，これ以上『人間との触れ合いが必要となる商売』はない。コンピューターがどんなに進化しても，これほど素晴らしい商売はない。（中略）こんなに人間を大切にできる素敵な商売はない」と述べています。お客様の感動は同時に，その感動を演出したホテルスタッフの感動ともなります。

7 これからのホテル

これまでホテルは，都市開発には欠かせない施設として，国内外の観光振興施設として，あるいは迎賓館として，さまざまな役割を果たしてきました。あらゆるお客様を受け入れてきたホテルは，お客様のあらゆるニーズに応えるために，機能を増やし，スペースを拡大し，意匠を凝らし，サービスの向上に努めました。

これからは，理想のホテルの形があるのではなく，たとえば，礼儀正しいホテル，カジュアルでフレンドリーなホテル，アクティブでスポーティーなホテル，丁寧で品格のあるホテル，というように個性的に分かれていくでしょう。そして，そこでは，スタッフのそれぞれの個性が，ソフトウェアとしての重要な商品価値になっていきます。優れたホスピタリティ能力を発揮するホテルスタッフとは，自ら自分自身の世界観を広げ，自分の個性を発見することが出来る人です。

窪山氏は「常に応用力が必要なのだ。（中略）情緒がなければ，応用問題は解

けないし，ホテルマンとして解く資格もない」と言っています。応用力とは基礎力あって発揮されるものです。そして「情緒」は「喜び」や「悲しみ」などの豊かな感情の体験によって育ちます。

　現在の日本のホテルには，西洋式のサービスの形に，日本人としての良さを合わせて作り上げてきた，日本独特のサービスの形があります。その上で機会を活かしたアレンジのできるホスピタリティ能力が，これからのホテルスタッフに求められます。ホスピタリティがより良く発揮されれば，お客様は，たとえばレストランでは，ただ味がいいとか，サービスがいいだけでなく，ホテルスタッフのあの人のサービスで食事をしたい，とか，あの人に案内してもらいたい，と思うでしょう。

　ホスピタリティは，仕事をもっと面白くし，ホテル業界をもっと活気づけるものになると私は確信しています。

考えてみよう！
　目の前に，エスカレータがあり，少し離れたところにエレベーターがあるホテルの1階のロビーで，お客様から2階の施設について訪ねられたとき，わざわざエレベーターを案内する方が良いと思うお客様は，どのような人なのか，考えてみましょう。

さらに興味がある人へ
　ホテルのロビーやロビーラウンジを利用し，ホテルスタッフの動きや，表情，お客様との対話を観察しましょう。

【参考文献】
飯嶋好彦（2001）『サービス・マネジメント研究』文眞堂
加藤鉱・山本哲士（2009）『ホスピタリティの正体』ビジネス社
窪山哲雄（2000）『ホテルほど素敵な商売はない』オータパブリケイションズ
───（2003）『サービス哲学』オーエス出版
服部勝人（1996）『ホスピタリティ・マネジメント──ポスト・サービス社会の経営』丸善
フリス，クリス／大堀壽夫訳（2009）『心をつくる──脳が生みだす心の世界』岩波書店

22章 レストランのホスピタリティ

眞中秀幸

1 はじめに

　古代のヨーロッパの富豪は専属の料理人を召し抱えていて，よく客人を招いては料理を振る舞いました。最初はおいしいものを出すだけだったのが，次第に珍しい食材や調理法に力を入れるようになり，ついには牛を切ったら中から羊が，その羊を切ると今度は山羊が出て来たなどという，突拍子もない料理まで登場するようになりました。つまり美食や珍味を楽しむだけでなく，エンターテインメント的な要素も加わったのです。そうした特別な技術やアイデアを持った料理人たちが街で食堂を開き，単に食事を提供するだけでなくお客様を喜ばせ，楽しませ，さらには精神的ケアをも役割とし，今日のレストランと呼ばれるようになりました。

　レストランとは"滋養となる飲食を通し，回復させる，元気にする場所"というのが本来の語源です。

　レストランの役割は，時代に合わせて変わりました。現代では早い，安いという利便性に強みを発揮するレストランがしばしば人気になります。しかしそれは，従来のレストランの姿とは対極ともいえるものです。本来のレストランは，あくまでも非日常の世界。食べるという日常の行為をレストランという非日常の場で行う特別感に，大きな意味がありました。そこで，ここでは利便性ではなく特別感が求められるレストランのホスピタリティについて，その特色や課題について述べることにします。ですからここから先は手頃なファストフードやファミリーレストランではなく，おしゃれをして出かけ，店に着くと「いらっしゃいませ，〇〇様」と自分の名前を呼んでくれるような店を想像しつつ読み進めてください。

2　レストランにおけるホスピタリティの価値

(1) ホスピタリティのさまざまな表現

　レストランが料理を通して表現するもののひとつとして季節感があります。旬の素材を一番いい状態で取り揃え，お客様に季節を感じて，豊かな気持ちになって頂くための心遣いです。日本料理では「走り，旬，名残」などと食材の食べ頃を細かく分けて考えていますし，季節の移り変わりを感じて頂くために同じ素材でも調理法や盛り付け，器を変えたりもします。盛り付け

図1　花をあしらった盛り付け

の仕上げに紅葉や木々，花々などを添えることもその方法のひとつとして行なわれています。イタリア料理ではズッキーニの花を料理に使ったりもします。これは，食べられないもの，おいしいものでなくても，それをも超えてお客様の心に響くと信じ，料理の味より優先すべきこととしてなされているのです。ホスピタリティがレストランにとっていかに大切なことかを表している一例だと思います。

　私は東京都内でイタリアンレストランを経営しています。お客様のほとんどは予約されてのご来店で，なおかつリピーターが中心です。再訪して下さる判断材料のひとつに，「人を連れて来たい店か」というのがあります。つまり，お客様は誘われた相手に「いい店だね」と喜んでもらいたいし，ご自身もほんの少しステイタスを得られればうれしいと思われているのです。そのため，スタッフには「嫌味にならないよう，お客様の名前を覚え最低3回は呼びなさい」などと教育することもあります。

　また，細やかな心遣いも大切です。たとえばスパークリングワインの総称をイタリアではスプマンテといいますが，泡の出るものはすべてシャンパンと思い込んでいる方もいらっしゃいます。イタリア料理が大好きでレストランを使い慣れたお客様がそういった方といらした場合，私たちは「最初のお飲み物は何になさいますか？　スプマンテ，ビール……」と，あえて説明を省いてお聞きします。当然スプマンテの意味がわからないその人は困ります。けれどホスト役のお客様が「スプマンテはイタリアのスパークリングワインのことですよ。シャンパンはフランスのシャンパーニュ地方のものに限って言うんです」と教えてあげられま

す。私たちが説明するのは簡単ですが，あえてそれをしないことがホスピタリティであったりするのです。このように,「このお客様がこちらの方を連れて来た理由は何だろう」という点から考えて接客すると, ホスト役のお客様のホスピタリティをサポートする, アシストする役割を担うことも少なくありません。そのサポートやアシストが, 私たちレストラン側のホスピタリティともなるのです。

(2) 一皿に込めたホスピタリティと意識

　レストランのホスピタリティとはレストランの現場だけでできるものではありません。一皿の料理, 一杯のワインをお客様に提供するまでには生産者からはじまり多くの方々の努力, 愛情, 情熱が必要です。そして私たち料理人は, 食材がレストランに届くまでの情熱に真摯に応えなければならない。たとえば, 温かい料理は温めた皿に盛る, お客様が飲んでいるワインに合わせて調味する, お客様の好みや塩加減, 量を書き留め, より満足して頂けるように努める。それも料理人のホスピタリティのひとつといえるでしょう。

　一度にひとり1万円以上使うような食事は, ほとんどの人にとっては特別な晩餐, 非日常のものだと思います。ところが店で働く私達にとっては, 店の空間も雰囲気も料理もサービスも, すべてが日常で何の特別感もありません。だからといって, その緊張感のままお客様を迎えるなどもってのほか。むしろ, お客様以上の高揚感が必要です。さらにレストランを使い慣れていない方でも快適に楽しく過ごしていただけるようなおもてなしを心がけます。お客様がホストとなってほかのお客様をもてなすケースを前述しましたが, そういう方へのおもてなしと, レストランを使い慣れていないお客様へのおもてなしは異なります。レストランのホスピタリティとは, お客様の経験値によって変わるというのが大きな特徴です。そして, レストランでの非日常の経験が, いい思い出となるようにアシストすること, さらに常にお客様の想像を超えることが必要です。

(3) ホテルと街なか，日本と海外のレストランの相違点

　高級ホテルには, そのホテルの顔となるようなレストランが必ずあります。ホテル内のレストランでお客様が「こうしていただけますか？」とリクエストした場合, レストランのサービス担当は即答せず「確認します」と一旦下がる場合があります。ホテルにはホテルの看板があるので, 各ポジションの人間が個人の判断で対応してホテルのカラーやイメージがずれることを防いでいるのです。このように, ホテルにはホテルのホスピタリティの確立方法があります。一方, 街な

かにあるレストランで同じことをしたら，厨房のスタッフに叱られます。「少しお待ちください，聞いてきます」となると，料理人の独断で決めていると受け取られかねず，お客様に大変失礼だからです。私のレストランでも，サービスのスタッフがその場で対応しています。お客様の要望をお聞きし，それ以上の提案をその場でする。そしてその積み重ねが，やがて店のオリジナリティになっていきます。自分たちの考えとお客様の要望によって店のスタイルが育っていく，それが店づくりというものでしょうし，お客様に対するホスピタリティの一例でもあると思います。

　では，日本と海外のレストランでは，ホスピタリティに違いはあるのでしょうか。結論から言えば，かなり違います。海外のレストランでは，見せることを意識したパフォーマンス，すぐ見てわかること，気づくことという色合いが強くなります。たとえば派手なデクパージュ（お客様の前で肉や魚，菓子などを切り分けること）や1メートルもあるような大きなミルを使い，目の前で胡椒を挽いて見せたりもします。

　和食に限らず，日本人が日本国内で営むレストランのホスピタリティは，どの店も茶道の影響を少なからず受けています。茶道では，茶室のしつらえすべてに意味があり，打ち水も客人の目に触れないよう，かつ絶妙なタイミングで行われます。用意した器，道具，生けた花々に至るまでこれらは客人が「自分のためにそういうことがなされている」と理解していることで初めて成立するホスピタリティです。つまり，レストランの利用度が高く，経験値が高い人でないと，目に見えない部分まで気を配ったホスピタリティを理解するのは難しいのです。ホスピタリティを受ける側のレベルが高くないと成りえない場合が多くあること，それが日本人の表現するホスピタリティの特徴でもあります。しかも，気づかれなかったからといってやめるものであってはなりません。

（4）レストラン業界の課題と対策

　残念ながら，日本人でも，ホスピタリティを含めた日本のレストランの価値を理解しない人が増えていることは否めません。物珍しいものにしか興味がない，あるいは妥協で選んだレストランで食事をすることが多いせいかもしれません。

　これにはレストラン側にも責任があります。現在のレストラン業界は，「ホスピタリティという価値をビジネスとして金銭変換できない」という課題を抱えています。100円で仕入れたものに，技術やアイデア，サービス，ホスピタリティの部分を上乗せし，200円や300円で売るのがレストラン本来の姿です。けれど現実には，私たちのサービスやホスピタリティの価値が対価になりづらくなってい

るのです。その原因は，日本人がレストランのホスピタリティを理解できない理由と共通で，店側もお客様側も，レストランの価値観を理解し勉強する場が，社会の中で少なくなっている，あるいは欠如しているためだと考えられます。そのため，いわゆる特別な日に行く非日常のレストランも存在しづらくなっているのではないでしょうか。目に見えないホスピタリティではなくモノに対して対価を払うという風潮が，レストラン業界に蔓延しつつあるのは残念なことです。しかも，経営側の人間ですらそれを理解できていない人が少なくありません。

こうした理解不足への対策として，まずは自社の人間の教育を徹底する必要があります。さらに自分たちのホスピタリティに対し，お金をいただく責任を持つこと。私の場合，原価率が何％，粗利が何％といった具合に，数字を常に意識するよう心がけています。「おいしいものを出す店は黙っていてもお客様が来てくれる」ではだめなのです。その店でしか提供できないホスピタリティを確立し，そのホスピタリティに対しても正当な報酬が支払われる環境づくりをしていかなければ，人は早い，安い，便利といった店に流れるばかりです。

ワインを例にとってみましょう。安く提供するための企業努力はあったにしても1万円で売られている店より，2万円で売られている店のほうがホスピタリティの価値が高いと理解される必要があるのです。

3 おわりに

図2 特別な場所としてコーディネートされたテーブル

空腹を満たすためだけならば，店探しには困りません。チェーン展開している店ならどの店で食べても味にムラはありませんし，マニュアル化された接客によって，不公平感のない均一のサービスも受けられます。そういう店側にも，お客様においしく食べてもらいたいという気持ちはもちろんあるでしょう。しかしホスピタリティが存在するかといえば，それは違う気がします。利便性を追求した店にあるのは，多くはシステムではないでしょうか。ホスピタリティとはシステムを超えた対応，誠意なのです。

最初に述べたとおり，レストランとは本来，非日常の場です。人が1日3回行っている「食べる」という日常の行為を，あえてお金と時間を使って家の外で

行うという特別な場所なのです。では、なぜ人は安くはないお金を払って、そういうレストランに行くのか。それはおいしい料理だけではなく、その店のホスピタリティが特別感をより盛り上げてくれるからにほかなりません。そこを私たちはもう少し深く掘り下げて考える必要があるのではないでしょうか。

　日本の伝統や文化、美学が反映された、お客様の理解度が高ければ高いほどその深みもわかるという、日本のレストランならではのホスピタリティ。それは早い、安いという利便性とは対極にあるものです。毎食質の高いレストランで食事をするのは金銭的にも無理がありますし、何よりも毎日では非日常ではなくなってしまいます。けれど、ときにはホスピタリティを五感すべてで感じられるような店を訪れるという習慣があることで、レストランもお客様自身もホスピタリティに対して磨きをかけていくことができます。レストランはお客様があって初めて育つ生き物です。またお客様にとっても、レストランのホスピタリティから得るものは、間違いなく人としての幅を広げることでしょう。

✐考えてみよう！
　あなたが行ったことのあるレストランのなかで、特別な日に大切な人と行きたいのはどこですか？　お店の方にしてもらってうれしかったことなど、印象に残っているエピソードとともに思い出してみよう。自身の体験とオーバーラップさせることが、ホスピタリティについての考えを深めることに繋がるでしょう。

✐さらに興味がある人へ
　あなたは、日本のレストランのホスピタリティをどこまで理解できるでしょうか？　五感をフル稼働して、非日常で特別感のあるレストランを訪れてみてはいかがでしょう。

23章 病院のホスピタリティ

菊野隆明

1 病院（医療サービス）業とは

　病院とは病気や怪我をした患者さんが外来を受診したり，入院して治療をする（受ける）場所です。外来診療は患者さんたちが病院に来て治療を受けるものです。一回の受診で治らない場合には通院，通院ではできない治療や検査をするときには入院することになります。病院も顧客である病人に対して，外来・入院医療サービスを提供して対価（医療費）を受け取っているビジネスです。病院では医師や看護師以外にも薬剤師や放射線技師，臨床検査技師，理学療法士，メディカル・ソーシャルワーカーなど数多くの医療専門職の人たちが働いています。その多くは元々人を助けることが好きで人の役に立ちたいのでその職業を選択した人たちです。ですから，患者さんの回復や快適な受診を望んでいます。

　患者さんは望んで病院へ来るわけではなく，体に不都合があるために仕方なく病院にやってきます。その時点で普段の気持ちとは異なり，ましてホテルや喫茶店に行くのとは違ってネガティブな気持ちを持ってやってきます。しかし癒されたいという気持ちでは，他のホスピタリティ施設と同じです。

　行きたくて行くわけではありませんが，一般的にはどの病院に行くかは患者さんの自由意思で選ぶことが可能です。時間の余裕があり自らの交通機関を利用する場合には，自分で選んで行きます。その場合には，多くの人は普段自分や家族が通っているなじみの病院や，知人の勧めにあった病院を選ぶようです。

　病気や怪我の状態が非常に重いときや緊急の処置が必要な場合には救急車が呼ばれます。その場合には患者さんの状態に応じて適した病院を救急隊が選んで運ぶことになりますので，患者さん自身が望まない病院に運ばれることもあります。

　患者さんの希望は，「病気や怪我が治ること」，「より健康になること」。病院におけるホスピタリティの目標は，日常性の回復です。元々病院は患者さんにとっては来たい場所，居たい場所ではありませんから，病院のホスピタリティは，で

きるだけ病院にいる時間を短くして，効率よく検査や治療を受けられるようにすることです。また病院にいる時間も自分の普段の生活と同じような生活ができるような環境を提供することもめざすところです。

一方病院は怪我や病気を治すところなので，ときに患者さんが望まないこともやってもらう必要があります。薬を飲む，点滴，辛い検査，手術を受けたりすることは，病人にとっては快適なことではなく，できればやりたくないことです。これらの診療行為をいやいやではなく，患者さんが納得して自ら進んで受けることができれば不愉快な気持ちは少なくなります。

また病院は大勢の人が来る場所で，入院病棟にはホテルとは異なって他人同士が同じ部屋に寝泊まりして治療を受ける大部屋もあります。そのような環境では他人同士でも安心して過ごせるようなサポートが必要になります。

2　病院におけるホスピタリティの実際と課題

大きな病院に受診すると，診察・検査・お薬・会計のすべてで待たされ朝から夕方まで一日かかるといわれています。医療機関が患者さんに行うアンケート結果で最も不満の多いのが「待ち時間の長さ」です。このような待ち時間を減らすために病院では電話やFAX，インターネットによる予約や予約変更サービスを取り入れたり，コンピューターを使って診察時間に合わせた時間に検査が受けられるようにしたり，薬や会計も診察が終わるまでに出来ているように努力しています。クレジットカードによる精算やATMの設置などもしています。

また，困っている人のための医療相談窓口（ソーシャルワーカー）では患者さんが安心して治療を受けられるように社会的・経済的な支援について相談に乗っています。自分や家族の長期治療のために，仕事ができなくなったり，収入がなくなったりする場合，市や町が行っている生活保護やその他の補助制度を利用して収入を補てんすることができます。仕事が原因の病気には労災保険などが適用できます。治療費が高額になって支払いが困難になったときには，健康保険の高額医療費補助制度を利用して自己負担金の払い戻しを受けることができます。非常に長期間で高額の医療を受けなければならないときには難病支援制度により療養を手助けできます。様々な社会保障制度を患者さんの状況に合わせて組み合わせて，安心して治療を受けられるようにアレンジするのが役割です。

病気が少し良くなって退院できるようになってもすぐに普段と同じように生活できるわけではありません。往診を受けながら治療を続けたり，通院で治療を続ける場合には，自宅近所の開業医と連絡を取りながら退院後も切れ目のない治療

が受けられるように支援します。また，数ヵ月の入院治療では治らない場合には長期療養に適した施設への転院なども斡旋して円滑な医療が受けられるように支援します。これらを行っているのが「地域医療連携室」や「退院支援室」です。

　病院では外来通院中や入院中の方々を対象に，病気や健康に関する情報提供などの支援も行っています。糖尿病や高血圧などの慢性の生活習慣病の治療には薬だけではなく食事や生活習慣などの改善も必要です。これらをわかりやすく説明して本人が納得して病気と闘っていけるように，糖尿病教室や高血圧教室，妊産婦教室などが開催されています。

　また，普段と同じ生活ができるように，病院内にはコンビニ，レストラン，パン屋，床屋，美容室，本屋，花屋，喫茶店，図書室，庭園，ランドリーサービスなどを備えています。コンビニではお菓子や飲み物など普通の商品以外にも，入院生活に必要なパジャマや洗面道具，新聞，オムツ，ギプス，杖などが売られています。床屋や美容室では，抗がん剤の治療を受けて頭髪が少なくなった人のためのかつらの紹介や販売も行っています。書店では一般の単行本や雑誌以外にも病気のことが書かれた本なども売っています。病院では集中治療室などは生花や食べ物を持ち込めませんので，花屋では造花のアレンジフラワーなども売られています。キリスト教系の病院では院内に礼拝堂を備えている病院も多く認められます。入院している人がベッドサイドでインターネットやテレビ・ビデオの視聴ができるような機能が付いたロッカー（床頭台）を整備しています。四季折々の催事に合わせて，お正月には正月飾り，3月にはひな祭り，5月には武者飾り，7月には七夕，12月にはクリスマスツリーを飾って，入院患者さんが楽しめるようにしています。また病院のホールなどを使用して患者さんを対象にプロやアマチュアによる様々なコンサートやミュージカル，展覧会なども催されています。小児病棟では長期間入院しなければいけない子供たちのために学習指導なども行っています。

　歩くことができる患者さんは，

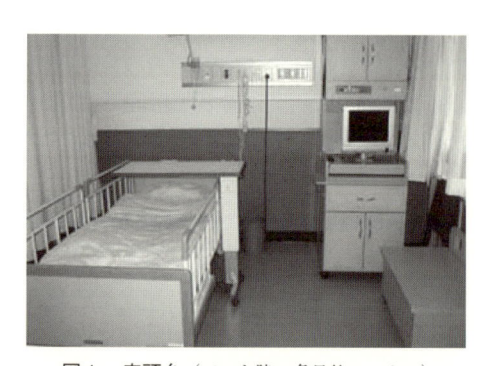

図1　床頭台（ベット脇の多目的ロッカー）

図2　病院ロビーでのコンサート

四季の花が咲いている院内の庭園を散歩したり，病院内の眺めの良い患者食堂で食事をできるように工夫したりもしています。

　地方都市では通院患者のための送迎バスを運行している病院もあります。九州の離島を抱える地域では送迎ヘリコプターを運行している病院もあります。

　病院で働く医療専門職の人たちの多くは専門の学校で専門知識を学んできますが，ホスピタリティやコミュニケーションに関してはあまり学んできていません。病院に来た患者さんが話をしやすいように，職員向けに会話法の講習や，ホテルや航空会社の人を講師に呼んで接遇の講演会を行ったりもしています。

　病院に設置されている「患者サービス向上委員会」が毎年定期的に患者満足度調査を行って，患者さんの要望や不満をくみ取ってホスピタリティの向上に努めています。また公益財団法人日本医療機能評価機構は第三者機関として病院の機能を評価していますが，その中でホスピタリティに関する部分では「療養環境の整備と利便性」として①患者・面会者の利便性・快適性に配慮している，②高齢者・障碍者に配慮した施設・設備となっている，③療養環境を整備している。受動喫煙を防止している，などの項目を挙げて病院の機能を客観的に評価しています。総合評価において合格と認められた病院には認定証が授与されます。平成24年3月31日現在で全国8650の病院のうち3011病院（34.8％）が受審して2437病院（28.2％）が認定されています。この機能評価の認定を受けるために受審病院は病院の様々なアメニティーやホスピタリティの向上に努めています。

　顧客が喜び，望むことをできるだけ提供し，さらには予想していた以上のものを提供するのがホスピタリティの究極目的です。しかし，病院は病気や怪我の患者さんを治療する場所です。糖尿病の人が望むからと云って高カロリーの食事を提供することはできません。様々なアメニティーやサービスを充実させてホスピタリティを高めることを努力していますが，あくまで患者さんが治療を受けるのに妨げにならない範囲内，病気の治療が進むようなものしか提供できません。病院とそこに来る方々の最終目的は病気が治ることだからです。

　快適な環境を提供する努力は，多くの病院が行っていますが，このような患者さんのホスピタリティ充実に対して，病院の報酬は全国統一料金ですから，料金に上乗せすることは許されていません。費用をかけると病院は赤字になってしまいます。また，都会と地方のコストの差も問題です。同じサービスを提供するためにかかる費用（病院の家賃や，土地の値段，固定資産税，人件費など）は，一般的には都会の方が多くかかります。しかし報酬は同じであるため現在，大都市にある大きな病院の過半数は赤字経営と云われています。一方で地方にホスピタリティの充実した人気のある民間病院ができてきています。

3 病院のホスピタリティに求められるもの

　日本の医療サービスは世界的にみると非常に高い評価を受けています。2000年にWHOが発表したWorld Health Report 2000では日本の医療システムは世界一であるとされました。世界共通の医療政策の目標としては「質の高い医療をできるだけ最少のコストで国民誰もが公平に受けられるようにすること」ですが，これを要素に分けると，「医療の質」，「アクセス」，「医療費」となります。「医療の質」に関しては，日本人の平均寿命は82.6才と世界最長，乳幼児死亡率はOECD加盟国で3番目に低く，医療機器の点でも，人口1000人当たりのCT（断層撮影機）の台数は，日本が92.6台と，アメリカの34.3台，イギリスの7.6台よりも段違いに多く，高度な医療設備を用いて良好な医療成果を上げていると評価されています。「アクセス」の面では，国民全員が健康保険に加入していて，どの病院でもかかることができます。しかし公的保険のないアメリカでは医療費がとても高いので受診そのものを躊躇することが多いです。フランス，カナダでは大病院に受診するには紹介状が必要です。イギリスやスウェーデンでは診察・入院待機患者が社会問題化しています。日本は非常に医療機関にかかりやすい環境になっており，一人あたりの年間外来受診回数で日本は13.6回と，ドイツ7.5回，アメリカ3.8回，スウェーデン2.8回と他の先進諸国と比較して圧倒的に頻回に受診しています。「医療費」では日本国民1人当たりの総保険医療支出は2581ドルで，アメリカ7290ドル，スイス4417ドル，ドイツ3588ドル，と比較して低く，OECD平均の2984ドルよりも低くなっています。経済規模も勘案して，総保険医療支出のGDPに占める割合にしても，アメリカ16.0％，フランス11.0％，ドイツ10.4％，日本8.1％となって，やはりOECD平均の8.9％よりも低くなっています。病院が受け取る医療費は厚生労働大臣が決定する仕組みになっていて，病期の種類や治療の内容によって細かく決められています。全国民が健康保険に入っていて均一な医療が均一な料金で受けられる仕組みになっています。

　一方で国民自身の医療に対する満足度は，世界的な評価に比べて著しいギャップが認められます。2004年に日本医師会総合政策研究機構が発表した資料では，医療全般に対する満足度はフランスが95.3％，アメリカが91.4％であるのに対して，日本が68.5％と韓国の58.5％に次いで低くなっています

　2010年4月15日ロイター通信によって報じられた記事によると，日米中など先進，新興22ヵ国を対象にした自国の医療制度に関する調査で，家族の重病時手ごろで良質な医療を受けやすいと答えた日本人は15％にとどまり，22ヵ国中最低レ

ベルであるそうです。ロイターは，日本は国民皆保険制度があり，長寿社会を誇っているとしつつも「高齢者の医療保険の財源確保で苦労している」と指摘しました。

　自国の医療制度を評価している人の割合が高いのはスウェーデン（75％）とカナダ（約70％）で，英国では55％，韓国，ロシアなどでは30％以下が手ごろで良質な医療を受けやすいとしました。国民皆保険制度が未導入で，オバマ大統領による医療保険制度改革の議論で国論が二分した米国は，回答者の51％が手ごろな医療を受けられると回答しました。

　Gallup社が実施した2005年〜2009年の世界幸福度調査（Gallup Global Wellbeing）によると日本は155ヵ国中81位と下位です。これは42位のホンジュラス，53位のコソボ，63位のマラウイを下回りますが，戦争がなく，犯罪率が低く，世界第3位のGDPの日本がそれらの国より不幸な社会に住んでいると考えるのは違和感があります。満足度ということに関して日本は非常に採点が辛い国民性のようです。

　現在日本は世界で最も急速に少子高齢化が進んでいる国といわれています。2020年代には団塊世代が退職して後期高齢者になり，日本の死亡数が出生数の2倍となり，以後日本はどんどん人口が減っていくといわれており，2020年問題として問題化されています。少子高齢化社会になり，多くの人が病院へ行くようになっていきます。現在すでに日本の総医療費の約半分を65歳以上の人々の医療費に使っています。さらに多くの高齢者を少数の生産世代が養っていかなければいけない，そのような時代に多くの費用や人力をかけて医療や介護を行っていくことが困難になってきています。お金はかかっていなくても心のこもったホスピタリティが必要とされる時代になってきているかもしれません。

考えてみよう！
　ホテルのホスピタリティと病院のホスピタリティはどこが違うのでしょうか？　病院へ来る人々が病院に求めるホスピタリティとはどんなものでしょうか？

参考文献
カンブリア宮殿「亀田メディカルセンター」テレビ東京　2012年6月14日放送 http://varadoga.blog136.fc2.com/blog-entry-14443.html
公益財団法人　日本医療機能評価機構　http://jcqhc.or.jp/
林田正光（2009）『ホスピタリティが生まれる瞬間』あさ出版

24章 介護のホスピタリティ

中島健一

1 はじめに

　介護とは，病気や障がいにより食事，排泄，入浴，移動等の生活における基礎的な行動が不自由である者に対して他者がそれを支援する行為です。近年我が国では，高齢化率の上昇，家族形態の変化，女性の社会進出，医療の進歩による介護期間の長期化等の理由により，従来は家族・親族が担っていた介護の機能は社会全体の機能とならざるを得なくなり，介護の社会サービス化が進んでいます。本章では，2000年の介護保険制度の創設により，サービス利用に対する権利性が高まり，事業の実施主体も株式会社等の参入により多様化し，利用者に対するホスピタリティがもっとも求められている介護分野といえる高齢者介護に焦点を当て，その中でも24時間の全生活を支援する入所型施設における介護の現状と課題を中心に紹介します。

　入所型の介護保険施設においては，行政の措置による入所の時代とは異なり，保険料を支払い自己負担を伴って利用する高齢者に対し，客としての扱いを進めるべく努力が行われています。その一つが職員に対する接遇研修であり，利用者である高齢者やその家族に対する言葉遣いや接客態度等を研修し，職員の意識改革を進めています。また，建物新設の際には，小規模で家庭的な生活を送ることを支援できるように施設をユニットに分割した設計を行っています。明るい窓や幅の広い廊下，木材の使用等温もりを感じることのできる内装，観葉植物や熱帯魚水槽の設置，ソファ等を置いた談話スペースの設置など，快適な生活空間の演出にも配慮しています。「なじみ」を重視し，自分の使い慣れた家具の持ち込みを許可している施設もあります。多くの施設では，風呂場には「湯」と書かれた暖簾を下げ，雰囲気作りや認知機能が低下した認知症高齢者への対応を行っています。食事に関しても，大食堂での一斉摂食ではなく小規模分散を図るとともに，選択食の導入や磁器・陶器の食器の使用を行っている施設もあります。旧来この種の施設では常態化していた糞尿臭も，現在ではほとんどの施設でしなく

なっており，清潔感を感じる施設が増えています。

　ホスピタリティに関わるこのような取り組みが推進されている一方，まだまだ十分とは言えない現状もあります。その原因としては，①事業者及び職員のホスピタリティに対する考え違い・視点の欠如，②歴史的な施設風土と繰り返される業務による感覚の麻痺，③現実的困難性（人手不足，閉鎖的空間，安全管理と自由の提供の葛藤等）などが考えられます。いろいろと頑張ってはいるのだけど，表面的であったり肝心なことが行われていないという課題があり，それは職員の「これ以上はできないと言えるほど頑張っています。でも，私はこの施設には入りたくないです」という言葉に表れています。

2　介護保険施設におけるホスピタリティの現状と課題

(1) 伝わるホスピタリティ
　「山田様なんて呼んでこっちは平身低頭してるのに，ちっともなつかない。頭に来ちゃう」とこぼす介護職員がいます。この介護職員は，利用者をベッドから車いすに移乗する際に乱暴であり，本人の意思や本人の動作努力を無視した介助が多く見られます。利用者がなつく・なつかないという発想そのものが問題ですが，慇懃無礼という言葉があるように，利用者のことを本当に尊重しているのか，思いやっているのかは，なぜか相手に伝わってしまうものなのです。

　このほか，声をかけても「ちょっと待って」と言って待たせその後も来ない職員，コールボタンを押しても「この人，どうせ大した用事じゃないから」と言って応答せずに切ってしまう職員，おかゆの上に薬をトッピングしてかき混ぜて嫌がる利用者の鼻をつまんで口を開けさせて突っ込む職員，利用者のビニールエプロンのポケットにたくさんこぼすと食事介助が早く終わると実習生に指導する職員，雑なあつかいで床に落としたおやつを平気で配る職員，失禁し床まで濡らしている利用者に対し「大？　小？　ああ，小ならいいの」と放置して立ち去ってしまう職員，たぶんこのような職員がいくら表面的に丁寧な言葉遣いをしても心を開く利用者はいないと思われます。

(2) 客の自己選択
　介護保険事業は企業努力により莫大な収益が上がる事業種ではありません。したがって，手厚い人員配置が難しく，職員はきりきり舞いで忙しく業務を遂行しています。人間は，忙しく行動しているだけで自分は頑張っている・よくやっていると満足しがちで，また手を抜けることには手を抜こうとするものです。

ある施設で頭が異様に臭う利用者がいました。職員に尋ねてみると，本人が洗髪はして欲しくないと自己選択しているので頭は洗っていないとのこと。利用者に尋ねてみると，まだ利用し始めたばかりで，「他人様に頭を洗って貰うなんてもったいないことは頼めません。申し訳ないから」との返答。そんなことはない，仕事なのだから遠慮することはないと説得し，それでも固辞する利用者をなんとかなだめて洗髪させると「ああ，すっきりしました。生き返るようです。もっと早くお頼みすればよかった」と笑顔を見せました。

　認知症の高齢者でせん妄があり食事の時間になっても壁や床を手で擦るように拭いており，手は腫れ上がり指紋もなくなってツルツルになっている人がいました。職員に尋ねると「この人は好きでやっているのです。今忙しいから後で数人がかりで食堂に引きずっていきます」とのこと。「お掃除，大変ですね」と声をかけると，「そうなのよ。わかる？」と返答。「最近の若い人はちゃんと掃除しないからね」と言うと，「そうなのよ。これが大変」と返答。「あなたがやってくれてるから本当に助かります」と言うと，ニコッとほほえみます。「そろそろお腹がすきませんか？」と言うと，「あら，ほんと。食事の時間ね」と言って一人でサッサと食堂に向かって歩き出しました。

　たしかに本人の自己選択・自己決定は重視されるべきです。しかし，上記の例のようにそれが業務の手抜きの言い訳になっていることがあります。近年は「寄り添うケア」という言葉が流行っていて，何もしないことがよいケアであると勘違いしている職員もいます。利用者のニーズは，図1のように，本人が支援を求めることだけをニーズと考えるのではなく，きちんとした観察や本人との共同作業等を通じて本人が困っていることや今のうちに支援しておいた方がよいことも含めた全体をニーズとして考え，本人と支援提供の摺り合わせを行うべきです。そのとき，本人の納得を視点に置くことがホスピタリティの原則と思われます。

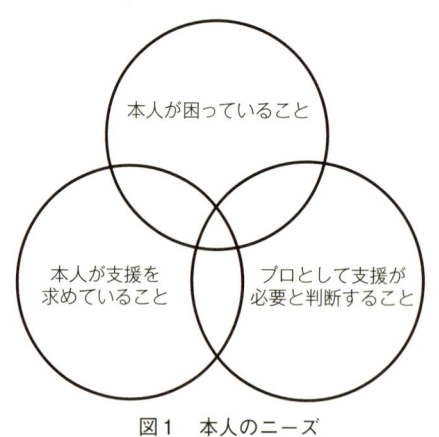

図1　本人のニーズ
家族のニーズは本人のニーズとは必ずしも一致しない。

(3) 安全管理とホスピタリティ

　対人業務において客の安全管理は第一に考えられるべきものであり不可欠で

す。しかし，安全管理を徹底するあまり，利用者本人の生活の質が著しく低下するようなことがあればホスピタリティのあるケアとはいえません。

　認知症フロアに関しては，現在でも，フロアに鍵をかけている施設がほとんどです。24時間・365日外気を一切吸うことなく生活している人もいます。利用者を閉じ込めている理由は安全管理であり，徘徊する利用者が外に出て事故にあったり迷子になっては困る・外に出て病原菌を持ち込まれては困る・認知症高齢者は刺激に弱いので外の刺激はシャットアウトしなければならない等とされています。また，立ち上がって転んではいけないという理由で車いすやベッドに電子ロック付きの安全ベルトで固定されている利用者もいます。いわゆる高齢者虐待防止法は，身体的虐待，性的虐待，心理的虐待，経済的虐待，ネグレクト（世話の放棄）を禁止していますが，身体拘束に関しては，安全上必要やむを得ない場合は認めるとされており，その判断は曖昧なものとなっているのが現状です。

　上の事例以外にも，施設風土として介護者側からは虐待とはまったく考えられていないことであってもホスピタリティという観点から問題と思われることもあります。たとえば，利用者に財布を持たせず事務室で管理し出前を取ったり外食に出かけたりする自由を奪っていること，利用者に電話をかけたり受けたりする自由を奪っていること，週2回しか入浴させないこと，異性介助で入浴させていること，介護者側の都合で本来ははずせるオムツを着用させていること，ビニールカーテンしかないトイレで排泄させていること，健康診断を実施せず現在の視力・聴力を把握していないことなどが挙げられます。

　ホスピタリティの高いケアを実施しているグループホームでは，小規模な特性を活かして，自宅で暮らしていた時の友人宅への訪問に付き添ったり，食事のための買い物，支度，後片付けを利用者とともに行ったり，掃除や洗濯等の役割を与えて自尊心や自己存在感の維持・向上を図っています。買い物についても，夕食の材料であったり茶碗が欠けたから新しい物を買いに行く等，行く必然性を重視したケアを実施しています。このようなケアは，大規模な介護保険施設の利用者と同程度の重度の認知症高齢者であっても実施しているケアであり，考え方とやる気の問題といえます。

(4) 支援対象者を捉える視点

　介護保険施設には，暴力や徘徊等不穏な BPSD（問題とされる行動等）が顕著な認知症高齢者が数多く見られます。図2は，認知症高齢者の状態像を示した図です。本人の不安やプライドなどに配慮したケアを実施することで BPSD が消失・改善する事実から，BPSD は認知症という病気とは直結しないという視点が大切

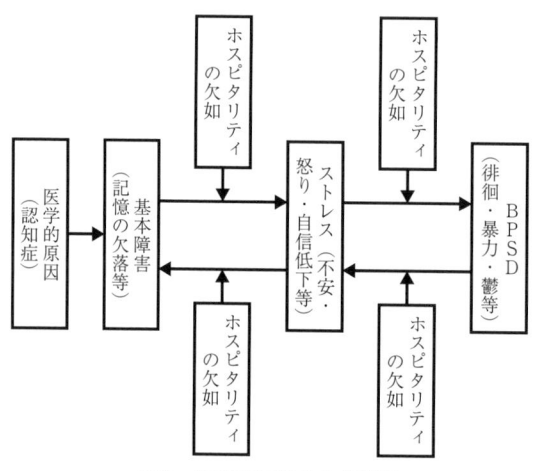

です。介護におけるホスピタリティの原則は、「認知症だからしょうがない」「年寄りだからしょうがない」のように何かを言い訳に使うことなく、利用者の状態像の背景・発生原因を的確に捉え、図2のような悪い循環に入りこまないようにすることです。

図2 認知症高齢者の状態像

3 おわりに

　介護職員と利用者の人間関係については、図3のように考えられます。すなわち、24時間の生活を施設で営む利用者と介護職員の人間関係は「お客様－従業員」「年長者－若年者」のように多様性があり、それは柔軟かつ臨機応変に変化することが許されるものと考えるべきです。たとえば、一緒に夕陽を見ながら「夕陽がきれいでございますね」と言うことは心的距離を感じさせる言い方であり、「きれいだねぇ」でよいと思われます。
　適切な理解やサービスを提供するための分類法であるICF（国際生活機能分類）では、本人が行う「活動」だけでなく、他者・社会と接点を持つことである「参加」を重視しています。また、「個人因子」だけでなく、「環境因子」も重視しています。このような流れの中で、介護におけるホスピタリティを考えるならば、本人ができないことへの他者支援（介護）の計画であるケアプランではなく、本人が自ら営んでいる

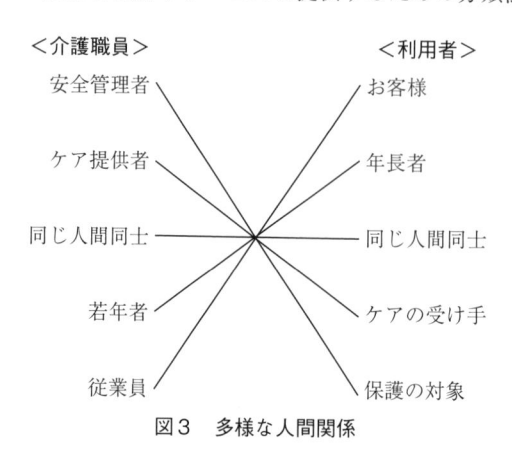

図3　多様な人間関係

ことも含めた生活全体に対する生活支援のプラン（生活プラン）を立案する必要があります。生活プランには，生活環境，生活内容，生活体験の3つの視点が必要であり，同じように散歩に行ってもAさんは途中の花をめでることを楽しみ，Bさんは途中で職員と会話することを楽しみ，Cさんは運動すること自体を楽しむように体験はさまざまであり，利用者の体験に対するズレの少ない推測や本人の心的活動にとっての必要性の判断等は日頃緊密に接している介護職員だからこそできるプロの技であると考えるべきです。このような視点での介護のホスピタリティの発展が期待されます。

考えてみよう！

高齢者介護分野においては，本章で紹介した介護保険施設での介護だけではなく，できるだけ自宅で長く療養することをめざす「地域ケア」が推進されています。あなたはベテランの訪問介護員（ホームヘルパー）であると仮定してください。新規で訪問した要介護高齢者宅において，あなたが「これは明らかに間違ったケアのやり方だな」と感じるやり方で家族が介護をしている様子を目撃しました。さて，家族へのホスピタリティを視点に，どのようにそれを伝えてどのような手順で改善させるかを考えてみましょう。

さらに興味がある人へ

本章では高齢者介護しか紹介できませんでしたが，介護には病者・障がい児者の介護分野があり，障がいと一口に言っても肢体不自由，精神障害，知的障害，発達障害，内部障害等さまざまな障がいがあります。その状態像に応じて提供すべき介護はさまざまですし，対象・状態像に応じたホスピタリティが必要といえます。また，入所型の施設介護だけでなく，通所型の介護，訪問介護，グループホーム・小規模多機能施設，地域包括支援センター等の相談機関とサービス種別もさまざまです。

介護の全体像を把握したい人は，以下に紹介する『新・介護福祉士養成講座』等の総論・各論本にまず目を通されるとよいと思います。

自閉症児者への支援に興味がある人は，我が国独自の療育法を開発された石井哲夫先生の著書を読まれることをお勧めします。

認知症や高齢者への心のケアに興味がある人は，拙著『高齢者動作法』を読んでみて下さい。

参考文献

石井哲夫（2006）『自閉症児の心を育てる――その理解と療育』明石書店
――――（2009）『自閉症・発達障害がある人たちへの療育』福村出版
介護福祉士養成講座編集委員会編（2009）『新・介護福祉士養成講座』各巻　中央法規
中島健一（2012）『高齢者動作法』誠信書房
中島健一・中村考一（2005）『ケアワーカーを育てる「生活支援」実践法』中央法規

あとがき

　2011年４月に研究と実務の両面にたずさわる27名の専門家を集めた教科書『観光入門』を出版いたしました。幸いこの教科書は「画期的で授業で使いやすい」，「必要なところだけ PICK-UP しても15回の授業が出来る」等教える立場の先生方からお褒めの言葉を頂きました。そこで『観光入門』共編者の一人和歌山大学観光学部神田孝治先生に続編について相談したところ，観光から視野を広げると，今の学生に向けて現代社会のキーワードであるホスピタリティを研究・実践両面から論説する必要があるがその一方に偏った教科書しかないとのコメントを頂きました。無いのであれば二人で両立できる教科書を作りましょうと話はすぐにまとまりました。摂南大学の吉田道代先生にも編者をお願いしたところ快く引き受けて頂き今般出版することが出来ました。この本は『観光入門』同様に研究と実務の双方からなる23名の専門家が執筆しており教科書としては必要な章のみを取り出して授業にも使えると同時に，広くホスピタリティを知って頂く一般書としても読みごたえのあるものと確信しております。哲学者プラトンはホスピタリティを聖なる義務であり，特に仲間や身寄りもない外国人に対しては関心を払うべきである，と論じています。現代社会は観光分野に限ることなく政治・経済・文化・宗教等全ての分野でホスピタリティが重要視される時代だと考えています。その道しるべとしてこの教科書が役に立てば望外の喜びです。

　共編者の神田先生，吉田先生そして執筆頂いた20名の先生方に感謝するとともに，常に執筆をサポートして頂いた新曜社塩浦社長と編集者髙橋さんにこの場を借りて厚く御礼申し上げ筆を置くこととを致します。

2013年春　　青木義英

執筆者紹介

第一部　社会とホスピタリティ

序章　神田孝治（かんだ・こうじ）
編者紹介参照。

1章　竹中宏子（たけなか・ひろこ）
スペイン・マドリッド大学（UCM）大学院博士課程修了。Ph.D. 現在，早稲田大学人間科学学術院准教授。専門分野は，文化人類学。主要著書に，*Fiesta en la Ciudad: La fiesta de San Lorenzo en Huesca*（Ayuntamiento de Huesca, 2005年）．主要論文に，"Individuals as Actors of Social Change: A Case Studies of the Revitalisation of *El Camino de Fisterra y Muxía* and *Costa da Morte* in Galicia, Spain"（*Senri Ethnological Studies*, 81, 2013年），「集う――人間関係のなかで生きる」（小林孝広・出口雅敏編『人類学ワークブック』所収，新泉社，2010年）。

2章　森　正人（もり・まさと）
1975年生まれ。関西学院大学大学院文学研究科博士課程後期修了。博士（地理学）。現在，三重大学人文学部准教授。専門分野は，文化地理学，民俗学。主要著書に，『ハゲに悩む――劣等感の社会史』（筑摩書房，2013年），『英国風景の変貌』（里文出版，2012年），『歴史発見！　ロンドン案内』（洋泉社，2012年），『昭和旅行誌』（中央公論新社，2010年），『大衆音楽史』（中央公論社，2008年），『四国遍路の近現代』（創元社，2005年）。

3章　北川眞也（きたがわ・しんや）
1979年生まれ。関西学院大学大学院文学研究科博士課程後期課程修了。博士（地理学）。現在，三重大学人文学部准教授。専門分野は，政治地理学。主要業績に，「現代地政学における例外空間としての収容所」（『人文地理』59巻2号，2007年），「ヨーロッパ・地中海を揺れ動くポストコロニアルな境界」（『境界研究』3号，2012年）。

4章　神田孝治（かんだ・こうじ）
編者紹介参照。

5章　吉田容子（よしだ・ようこ）
1963年生まれ。大阪市立大学大学院文学研究科後期博士課程単位取得退学。博士（文学）。現在，奈良女子大学研究院人文科学系教授。専門分野は，都市社会地理学，ジェンダー地理学。主要著書に，『地域労働市場と女性就業』（古今書院，2007年），『シリーズ人文地理学 第5巻 空間の社会地理』（共著，朝倉書店，2004年），『都市空間の地理学』（共著，ミネルヴァ書房，2006年），「米軍施設と周辺歓楽街をめぐる地域社会の対応」（『地理科学』65-4，2010年）。

6章　阿部亮吾（あべ・りょうご）
1976年生まれ。名古屋大学大学院環境学研究科博士課程修了。博士（地理学）。現在，愛知教育大学社会科教育講座准教授。専門分野は，社会・文化地理学，都市地理学。主要著書に，『エスニシティの地理学』（古今書院，2011年）。

7章　吉田道代（よしだ・みちよ）
　　　編者紹介参照。

8章　岡本　健（おかもと・たけし）
　　　1983年生まれ。北海道大学大学院国際広報メディア・観光学院観光創造専攻博士後期課程修了。博士（観光学）。現在，奈良県立大学地域創造学部講師。専門分野は，観光社会学，コンテンツツーリズム，メディア・コンテンツ論。主要著書に，『n次創作観光』（北海道冒険芸術出版，2013年）。

9章　堀野正人（ほりの・まさと）
　　　1958年生まれ。横浜国立大学大学院教育学研究科修士課程修了。修士（教育学）。現在，奈良県立大学地域創造学部教授。専門分野は，観光社会学，都市観光論。主要著書に，『観光社会学のアクチュアリティ』（共編著，晃洋書房，2010年），『よくわかる観光社会学』（共編著，ミネルヴァ書房，2011年）。

10章　藤田武弘（ふじた・たけひろ）
　　　1962年生まれ。大阪府立大学大学院農学研究科博士後期課程単位取得退学。博士（農学）。現在，和歌山大学観光学部教授。専門分野は，食料・農業経済学，都市農村交流論。主要著書に，『現代の食料・農業・農村を考える』（編著，ミネルヴァ書房，2018年），『都市と農村』（編著，日本経済評論社，2011年），『地域産業複合体の形成と展開』（編著，農林統計協会，2005年）。

11章　大森信治郎（おおもり・しんじろう）
　　　1954年石巻市生まれ。立教大学大学院応用社会学研究過程修士課程終了。株式会社西武百貨店，学校法人菅原学園を経て，家業の日本料理店・株式会社大もり屋本店を継承。現在，石巻専修大学経営学部特命教授，聖和学園短期大学講師，大もり屋本店代表取締役。専門分野は，社会心理学，観光論。様々なまちづくり活動に参画。並行して観光教育・研究に携わる。主要論文に，「「復興ツーリズム」或いは「祈る旅」の提言」（『観光研究』24(1), 28-31, 2012-09）。

12章　加藤久美（かとう・くみ）
　　　クイーンズランド大学より Ph.D. 取得。グリフィス大学人文学部専任講師，クイーンズランド大学助教授を経て，現在，和歌山大学観光学部教授。専門分野は，環境倫理，環境文化，異文化間理解，持続性。主要著書に，"As Fukushima unfolds: media meltdown & public empowerment"（Lester, L. and Hutchins, B.(eds) *Environmental Conflict & the Media*，2013年），*Cultural compatibility in educational context*（University Press of America，2009年）。

第二部　企業とホスピタリティ

13章　森川長俊（もりかわ・ながとし）

1952年生まれ。早稲田大学政経学部卒業後，日本航空入社。ロンドン支店長を経て，現在，関西外国語大学教授，枚方ライオンズクラブ会員。専門分野は，航空概論（エアラインビジネス），ツーリズム，ホスピタリティ。主要著書に『観光入門』（共著，新曜社，2011年）。

14章　梶　明彦（かじ・あきひこ）

1945年生まれ。慶應義塾大学法学部卒業。1966〜67年，カナダヴィクトリア大学留学。日本航空入社。労務課長，人事課長，経営企画次長，ジャパンエアチャーター常務取締役，国際旅客企画部長，取締役九州地区担当，常務取締役旅客事業担当を歴任。2003年，JALパック代表取締役社長，2009年，目黒雅叙園代表取締役社長。主要著書に『ブランディング・ジャパン——文化観光が日本を救う』（成山堂書店，2008年）。

15章　安部桂子（あべ・けいこ）

1955年生まれ。関西外国語大学英米語学科卒業。元日本航空客室乗員部長。現在，文化学園大学非常勤講師，明海大学非常勤講師，東京エムケイ株式会社接客教育講師。専門分野は，ホスピタリティ概説，CS理論と実践，ビジネスマナーとコミュニケーション。

16章　長井鞠子（ながい・まりこ）

1943年生まれ。国際基督教大学を卒業後，株式会社サイマル・インターナショナルの創設者に誘われ専属通訳者となる。以後，会議通訳者の草分けとして，国連軍縮会議や先進国首脳会議など数々の国際会議の同時通訳を手がける。とくに主要国首脳会議(サミット)の仕事は通算20回を超える。現在，年間200件近い業務を担当しつつ同社の顧問として後進の育成にも力を注いでいる。

17章　青木義英（あおき・よしひで）

編者紹介を参照

18章　同上

19章　田中　靖（たなか・やすし）

1956年生まれ。京都大学法学部卒。現在，株式会社JTB総合研究所主任研究員。ビジネス・ブレークスルー大学講師。専門分野は，国内・海外の旅行者動向旅行，マクロ市場分析。主要実績に，『旅費業務のシステム化，外部委託化に係る企画調査事業』（経済産業省，2007年），『上海世博日本客源市場調査』（上海世博会事務協調局，2009年）。

20章　永田順子（ながた・よりこ）

1951年生まれ。1975年，日本航空に客室乗務員として入社。執行役員を経て，現在，名古屋外国語大学客員教授，桜美林大学非常勤講師。専門分野は，エアラインサービス，ホスピタリティ・マネジメント，人材育成，リーダーシップ教育。

21章　**西田淑子**（にしだ・としこ）
　　　1962年生まれ。大阪体育大学体育学部卒業。都ホテル大阪（現在シェラトン都ホテル大阪）に約16年勤務。現在はコミュニケーション講師（法務省矯正局，一般企業等），大学講師（大阪国際大学：ホテル論，ホスピタリティ産業論）。専門分野は，コミュニケーション，ホスピタリティ，能力開発，宿泊ビジネス。https://www.room145.com

22章　**眞中秀幸**（まなか・ひでゆき）
　　　1967年生まれ。茨城県潮来市出身。現在，東京表参道で2店舗のイタリアンレストランを運営するオーナーシェフ。その他の取り組みとして飲食店のプロデュース，地域活性化計画，食育の活動などを行う。主要著書に『野菜のイタリア料理』（共著，柴田書店，2010年），『海老料理の技術』（共著，旭屋出版，2007年），『プリモピアット』（共著，旭屋出版，2005年）。

23章　**菊野隆明**（きくの・たかあき）
　　　1954年生まれ。北里大学医学部医学科卒業。現在，独立行政法人国立病院機構東京医療センター救命救急センター長，東京医療保健大学看護学大学院臨床教授。専門分野は，救急医学，災害医学，外傷外科学，中毒学。東南アジアを中心に救急医療の技術協力・指導などを行なう。主要著書に『救急レジデントのTIPS』（監修，医学書院，2012年）。

24章　**中島健一**（なかしま・けんいち）
　　　1958年生まれ。九州大学大学院教育学研究科博士課程単位取得退学。博士（社会福祉学）。現在，愛知学院大学心身科学部心理学科教授。専門分野は，社会福祉学，介護福祉学，臨床心理学。主要著書に『高齢者動作法』（誠信書房，2012年），『痴呆性高齢者の動作法』（中央法規出版，2001年），『新しい失語症療法E-CAT』（中央法規出版，1996年）。

◯編者紹介

青木義英（あおき・よしひで）　執筆：17章，18章／担当：第二部
1948年生まれ。1972年日本航空入社，労務部，総務部，マドリード支店長，人事部キャリア開発支援室部長，鈴鹿国際大学国際人間科学学部教授を経て，現在，和歌山大学観光学部客員教授。専門分野は，観光地誌，観光安全，観光キャリアデザイン。主要著書に，『観光入門』（共編著，新曜社　2011年），「国際観光事情・スペイン・ポルトガル」（日本国際観光学会監修『観光学大事典』所収，木楽舎，2007年）。

神田孝治（かんだ・こうじ）　執筆：序章，4章／担当：企画・全体構成
1974年生まれ。大阪市立大学大学院文学研究科博士課程単位取得退学。博士（文学）。現在，立命館大学文学部教授。専門分野は，文化地理学，観光学。主要著書に，『観光空間の生産と地理的想像力』（ナカニシヤ出版，2012年），『文化地理学ガイダンス』（共著，ナカニシヤ出版，2006年），『観光の空間』『レジャーの空間』（ともに，編著，ナカニシヤ出版，2009年），『観光入門』（共編著，新曜社，2011年）。

吉田道代（よしだ・みちよ）　執筆：7章／担当：第一部
1967年生まれ。南オーストラリア州立フリンダース大学よりPh.D.取得。現在，摂南大学准教授。専門分野は，社会地理学。主要著書に，『オーストラリアと日本の市民権――ベトナム難民女性の再定住の経験から』（ナカニシヤ出版，2011年），『都市の景観地理――イギリス・北アメリカ・オーストラリア編』（共著，古今書院，2010年），『レジャーの空間』（共著，ナカニシヤ出版，2009年）。

ホスピタリティ入門

初版第1刷発行	2013年4月6日
初版第3刷発行	2018年9月26日

編　者　青木義英・神田孝治・吉田道代
発行者　塩浦　暲
発行所　株式会社　新曜社
　　　　〒101-0051　東京都千代田区神田神保町 3-9
　　　　電話 (03)3264-4973・FAX (03)3239-2958
　　　　e-mail　info@shin-yo-sha.co.jp
　　　　URL　https://www.shin-yo-sha.co.jp/
印刷所　星野精版印刷
製本所　丸和製本

©Yoshihide Aoki, Koji Kanda, Michiyo Yoshida, Editors, 2013 Printed in Japan
ISBN978-4-7885-1336-5 C1036

―――――― 新曜社の好評関連書より ――――――

観光入門　観光の仕事・学習・研究をつなぐ
大学での学びと卒業後の進路がうまく結び付けられない観光学部・学科の学生のため，観光関連の仕事と学問を「1冊で見通せる」初めての教科書。
青木義英・廣岡裕一・神田孝治 編著　　　A5判192頁／本体2100円

観光文化学
観光の歴史，現代観光の特徴と裏舞台，社会にもたらす矛盾，近年のトレンドなどについて多面的に分析した，好評『観光人類学』(1996年刊行)の改題・改訂版。
山下晋司 編　　　　　　　　　　　　A5判208頁／本体2100円

講義　仕事と人生
将来のキャリアプランを考える上では，仕事や雇用の実態についての正確な情報を知ることが先決。立教大学の一年間にわたるキャリア教育講義から生まれた就活必携。
井上雅雄・立教大学キャリアセンター 編　四六判216頁／本体1800円

インド日記　牛とコンピュータの国から
グローバリゼーションに揺れる現代インド。客員教授としての現地滞在日記から，近現代の日本の姿が，歴史の襞に重なって浮かび上がる。
小熊英二 著　　　　　　　　　　　　四六判402頁／本体2700円

違和感のイタリア　人文学的観察記
日本とイタリアを行き来し30年を過ごした著者による，鋭い着眼点と人間理解への情熱に根ざした，グローバル時代の現代社会観察記。
八木宏美 著　　　　　　　　　　　　四六判304頁／本体2700円

出口のない夢　アフリカ難民のオデュッセイア
貧困にあえぐアフリカから，統合に向かうヨーロッパへと脱出する大量の難民たち。行く先には，追放，投獄そして死が待っていた。難民の生に迫るルポルタージュ。
K・ブリンクボイマー 著／渡辺一男 訳　四六判328頁／本体3200円

3.11慟哭の記録　71人が体感した大津波・原発・巨大地震
3.11大震災の生々しい体感，慟哭と彷徨，絶望から再起への想いを，宮城・岩手・福島27市町村71人の被災者自ら書き下ろした"震災エスノグラフィ"
金菱　清 編／東北学院大学震災の記録プロジェクト　四六判560頁／本体2800円

(表示価格は税を含みません)